ग्राम स्वराज्य

ग्राम स्वराज्य

महात्मा गांधी

GYAN

ग्राम स्वराज्य

ISBN : 978-81-212-6049-7 (PB)

भारत में सन् 2022 में प्रकाशित

ज्ञान पब्लिशिंग हाऊस
5, अंसारी रोड, दरियागंज,
नई दिल्ली-110002

वेब साइट: www.gyanbooks.com
ई-मेल: books@gyanbooks.com
Phone : 011-47034999, 9811692060

मुद्रित: ज्ञान प्रेस, दिल्ली

समर्पण

ग्राम-जीवन और ग्राम-संस्कृति

के

अमर उपासक,

ग्रामोद्योगों के अनुपम जीवनदाता

और

ग्राम गण-तंत्र के महान् पुजारी

राष्ट्रपिता पूज्य बापूजी

की

दिवंगत आत्मा

को

श्रद्धापूर्वक समर्पित

विषय-सूची

प्रवचन

विशेष रूप से भारत में ग्राम स्वराज्य जनता का राज्य है। क्योंकि भारतवर्ष ग्रामों का देश है। इसके अतिरिक्त ग्राम स्वराज्य ही सच्चे जनता के राज्य की स्थायी नींव डाल सकता है।

श्री यादवेन्दु जी की पुस्तक जनता का ध्यान इस महत्वपूर्ण प्रश्न की ओर दिलाती है। पुस्तक उपदिय और पठनीय है। मुझे आशा और विश्वास है कि पुस्तक प्रेमी इसे सहर्ष अपनायेंगे।

श्रीकृष्णदत्त पालीवाल
राजस्व तथा सूचना सचिव
संयुक्त प्रान्तीय सरकार

भूमिका

भारतवर्ष कृषकों का देश है। यहाँ की ८० प्रतिशत जनता ग्रामों में रहती है; शेष २० प्रतिशत जनता नगरों में रहती है। इसलिए भारत की स्वाधीनता का अर्थ होना चाहिए ग्रामों में रहने वाली जनता की राजनीतिक, सामाजिक एवं आर्थिक स्वाधीनता।

विश्व-वद्य, शोषित-पीड़ित जनता के प्राण महात्मा गांधी ने सदैव किसानों की स्वाधीनता के लिए प्रयत्न किया और अन्त में वे जमींदारी प्रथा के उठा देने के पक्ष में भी हो गए थे। गांधी जी ने अपने एक लेख में स्पष्ट शब्दों में किसानों के अधिकारों की चर्चा के संबंध में लिखा है:–

> "मुझे इसमें तनिक भी संदेह नहीं कि यदि हमने लोकतंत्र-स्वराज्य की स्थापना की; और यदि यह स्वाधीनता अहिंसा द्वारा प्राप्त की गई, आशा है कि ऐसा ही होगा, तो उसके प्रत्येक क्षेत्र में किसानों के हाथों में सत्ता-जिसमें राजसत्ता भी सम्मिलित है-होनी चाहिए।"[1]

१६ अगस्त १९४७ को प्रातःकाल ९ बजे दिल्ली के लाल किले पर राष्ट्रीय ध्वजारोहण करते समय भारतीय संघ के प्रधान-मंत्री माननीय पंडित जवाहरलाल नेहरू ने भी महात्मा जी के इस विचार की पुष्टि करते हुए अपने भाषण में कहा है:–

---

1. M. K. Gandhi: India of My Dreams (1947) p. 103. (Hind Kitabs, Bombay).

"भारतीय संघ के ३० करोड़ व्यक्तियों में से प्रत्येक एक राजा है क्योंकि उन्होंने जिसकी प्राप्ति की है, वह प्रजा-राज्य ही है। परन्तु इसका प्रयोजन यह नहीं कि वे चाहें जो करें। उन्हें अपने निर्वाचित प्रतिनिधियों द्वारा ही कार्य करना चाहिए और कानून का पालन करना चाहिए। दिल्ली में बहुत-से राजा महाराजा हो गये हैं; परन्तु अब राजाओं का युग बीत चुका। यह युग पंचायत-राज का है।"[2]

माननीय पंडित जी के शवों में यह युग 'पंचायत-राज्य' का है। इन विचारों और सद्भावनाओं को कार्य रूप में परिणत करने से ही भारत में गई स्वराज्य और सुराज्य दोनों की स्थापना हो सकेगी।

प्रान्तीय सरकारों ने इस दिशा में पग बढ़ाया है और ग्रामों में स्वराज्य अर्थात् पंचायती राज्य कायम करने के लिये व्यवस्था की है। संयुक्त प्रान्त की सरकार इस दिशा में अग्रगण्य है। उसने गत वर्ष ही पंचायती राज्य-कानून स्वीकार कर २७ दिसंबर १९४७ से प्रान्त में लागू कर दिया है। आशा है, कि अन्य प्रान्तों में भी शीघ्र ही इस प्रकार के पंचायती राज्य की प्रतिष्ठा की जायेगी।

हमारे मतानुसार तो किसानों को सच्चा स्वराज्य उसी समय मिलेगा जब कि भारत से जमींदारी-प्रथा का समूल नाश करके कृषि-भूमि को किसानों में और विशेष रूप से भूमि-हीन कृषकों (Landless Agriculturists) में विभाजित कर दिया जायेगा। यदि इस भूमि को सहकारी समितियों को दे दिया जाए और किसान सहकारी ढंग से उसे जोतें बोयें तब ही वे वास्तव में अपनी जीविका के प्रश्न को हल कर सकेंगे। यू. पी., सी. पी., बिहार, तथा मद्रास आदि की सरकारें जमींदारी को उठा देने के लिये उपाय सोच रही हैं, उनकी कमेटियाँ विचार कर रही हैं।

इसके बाद किसानों को, महात्माजी के आदेशानुसार, राज्य-शासन के प्रत्येक भाग में हिस्सा देने की योजना तैयार की जाए। आज हम देखते हैं कि किसानों की न तो कृषि-संबंधी किसी राज्य-समिति में कोई

2. Pandit Jawaharlal Nehru's Speech on 16-8-47.

आवाज है, न उनका जिला-बोर्ड अथवा प्रान्तीय शासन-प्रबंध में कोई प्रभाव हैं और न भारत की केन्द्रीय शासन-व्यवस्था में ही।

हमारा यह विचार हैं कि जबतक किसान और मजदूर वर्गों के शिक्षित और विद्वान नेता राष्ट्र एवं राज्य की राजनीतिक एवं आर्थिक व्यवस्था में सक्रिय भाग नहीं लेंगे तब तक देश की न तो दरिद्रता दूर होगी और न सच्चा स्वराज्य ही स्थापित होगा।

आज जो भी नेता किसान-मजदूरों के वर्ग का नेतृत्व कर रहे हैं, वे उन वर्गों में न उत्पन्न हुए, न उनके वातावरण में पालन-पोषण हुआ और न उनकी अभाव-आवश्यकताओं का उन्होंने प्रत्यक्ष अनुभव ही किया, तब उनसे यह आशा करना कि वे सच्चे भाव में किसान-मजदूरों का नेतृत्व कर सकेंगे, उनसे अधिक की मांग करना है, उनसे ऐसी मांग करना है, जो मनोविज्ञान के प्रतिकूल और विश्व के इतिहास की व्याख्या के विरूद्ध है।

अतः किसान-मजदूर वर्ग को, यदि भारत में सच्चा प्रजा-राज्य स्थापित करना है, तो उन्हें अपने वर्ग में दार्शनिक, विद्वान, शिक्षक और राजनीतिज्ञ पैदा करने चाहिए, जो भविष्य में भारत में सच्चा पंचायती राज्य कायम कर सकें।

मैंने इसी पुनीत भावना से यह पुस्तक लिखी हैं। यदि ग्राम-वासी जनता ने इस पुस्तक का इसी भाव से अवलोकन किया और वे अपने-अपने ग्राम में इसके विचारों का प्रसार करने में सहायक हुए, तो लेखक अपने इस परिश्रम को सफल समझेगा।

इस पुस्तक में ग्राम-स्वराज्य का विवेचन इस प्रकार किया गया है कि इससे सभी प्रान्तों में लाभ उठाया जा सके। लेकिन जहाँ-तहाँ संयुक्त प्रान्त के पंचायत-राज-विधान की चर्चा की गई है और उसकी रचनात्मक आलोचना भी। कृषि-भूमि का राष्ट्रीयकरण किया जाये अथवा प्रत्येक किसान भूमि का मालिक हो, इस संबंध में अभी तक राष्ट्रीय महासभा तथा राष्ट्रीय सरकारों ने अपनी नीति स्पष्ट नहीं की है। यद्यपि जमींदारी

की प्रथा को उठाने का निश्चय किया जा चुका है; परन्तु उसके बाद भूमि-संबंधी नीति क्या होगी, इसका ठीक प्रकार से निश्चय हो जाना आवश्यक है।

भूमि संबंधी प्रश्न विवाद-ग्रस्त है और इसका देश की आर्थिक नीति से गहरा संबंध है। इसी कारण हमने इस प्रसंग पर प्रकाश नहीं डाला है। हम इस पुस्तक को वाद-विवाद का विषय न बनाकर सर्वसाधारण के लिए उपयोगी और सरल बनाना चाहते थे और इसी लिए इन विवादग्रस्त प्रश्नों की चर्चा नहीं की गई है।

अन्त में हम इस पुस्तक के प्रकाशक महानुभाव को हार्दिक धन्यवाद दिए बिना नहीं रह सकते, जिन्होंने इसे सुन्दर ढंग से मुद्रित करा कर आपके लिए सुलभ बना दिया है।

राजामंडी

आगरा (यू. पी.) **–रामनारायण यादबेन्दु**

२१ मार्च १९४८ ई.

1

प्राचीन काल में ग्राम-संस्था

आर्य-जीवन और संस्कृति में ग्राम-संस्था का अत्यंत महत्त्वपूर्ण स्थान रहा है। वैदिक युग में ग्राम सभाऐं ही शासन-व्यवस्था का आधार स्तंभ थीं उसके बाद ऐतिहासिक युग में भी ग्राम संस्थाओं का सार्वजनिक जीवन में एक महत्वपूर्ण स्थान रहा। आर्य संस्कृति एवं सभ्यता का ग्रामों तथा ग्राम-संस्था से इतना घनिष्ठ संबंध था कि ग्राम-संस्था के अभाव में हम वैदिक समाज के स्वरुप की स्पष्ट रूप से कल्पना भी नहीं कर सकते।

ग्राम की उत्पत्ति

ग्राम-संस्था का इतिहास इतना ही प्राचीन है, जितनी कि वैदिक सभ्यता। ऋग्वेद में ग्राम सभा का वर्णन मिलता है। उसके बाद स्मृति-ग्रन्थों में इस संबंध में विस्तार-पूर्वक विवेचन किया गया है। महाभारत तथा रामायण और मौर्य-कालीन कौटिल्य के 'अर्थशास्त्र' में ग्राम व्यवस्था पर प्रकाश डाला गया है।

वैदिक काल में समाज-संघटन 'विशः' और 'जन' के आधार पर खड़ा किया गया था। प्रोफेसर जयचंद्र विद्यालंकार के अनुसार प्रारंभिक युग में समाज का संघठन 'कबीलों' के रूप में था। उन 'कबीलों' को

वे लोग 'जन' कहते थे। एक 'जन' की समूची जनता 'विश:' कहलाती थी। प्रत्येक 'जन' में अनेक दल होते थे, जो ग्राम कहलाते थे। ग्राम का अर्थ जत्था या टुकड़ी था। बाद में ग्राम जिस स्थान में बस गया, वह स्थान भी ग्राम कहलाने लगा। परन्तु आरंभ में ग्राम में स्थान का विचार नहीं था; अनवास्थित ग्राम भी होते थे। वैदिक वाङ्गमय में शर्याति मानव के अपने ग्राम के साथ भटकते फिरने की कहानी प्रसिद्ध है।"[1]

श्री. डॉ. एच. एन. सिन्हा का मत इससे भिन्न है। वैदिक काल में राष्ट्र की उत्पति का विवेचन करते हुए उन्होंने लिखा है कि राष्ट्र की–एक राजनीतिक संस्था के रूप में–उत्पत्ति विनाश शील कबीलों के संघठन का विघठन एवं ग्राम संस्था के उदय के कारण ही हुई। जिस प्रकार यह कहना कठिन है कि राष्ट्र एक जातीय 'जन' के संघठन का नाम था अथवा अनेक जातीय 'जनों' के समूह का, उसी प्रकार यह कहना भी कठिन है कि ग्राम में एक विश: सम्मिलित था या अनेक। परन्तु यदि यह निश्चय हो जाये कि ग्राम एक नवीन संस्था थी जो 'विश:' पर ऊपर से प्रतिष्ठित कर दी गई थी और वह राजनीतिक थी, तब राष्ट्र के राजनीतिक स्वरूप का निश्चय सहज ही हो जाएगा। क्योंकि राष्ट्र ग्रामों के विकास का ही परिणाम था।"[2]

ऋग्वेद–में ग्राम का अनेक बार वर्णन मिलता है। उसका जनता के निवास के रूप में प्रयोग किया गया है। आरंभ में ग्राम एक ही वंश के लोगों के निवास स्थान रहे होंगे; परन्तु कालान्तर में अनेक वंशों के लोग उनमें रहने लगे। जनता का विचारशील भाग देवी-देवताओं की आराधना में लीन रहता था, जो सैनिक मनोवृति के थे, उन्होंने ग्राम–रक्षा का भार ग्रहण किया, अन्य लोगों ने कृषि–उद्योग को ग्रहण किया और विजित लोगों ने दास–वृत्ति ग्रहण की।

---

1. श्री जयचंद्र विद्यालंकार कृत 'भारतीय इतिहास की रूपरेखा' (प्रथम भाग) पृ. १७९
2. H. N. Sinha: Sovereignty in Ancient Indian Polity (1938) Luyac & Co., London. p. 15

ग्रामोद्योग

ग्रामों के स्थायी रूप से भूमि के विशेष भागों पर बस जाने के बाद आर्य सभ्यता का उदय हुआ। कृषि, गोपालन, तथा अन्य ग्रामोद्योगों का विकास इसी समय से आरम्भ हुआ। आरम्भ में जन कृषि-कर्म द्वारा अपनी जीविका प्राप्त करते थे। परन्तु जब कृषि का पर्याप्त विकास होने लगा तो उसके साथ-साथ ग्रामों में अन्य उद्योग धंधों का भी विकास होने लगा। पशु-पालन, लुहार, सुनार, राज–मिस्त्री, तेली, मोची, कुम्हार, ग्वाले आदि प्रत्येक ग्राम की आवश्यकताओं की पूर्ति के लिए पैदा हो गए। धुनिये रंगरेज, कतैये तथा दुकानदार आदि भी प्रत्येक ग्राम में अपना-अपना काम करने लगे। एक ही ग्राम में कृषि-कर्म करने वाले रहते और उसी में चर्खा चलाने वाले, कपड़ा बुनने वाले, लुहार, सुनार, मोची, बढ़ई, राज-मिस्त्री आदि सब रहते थे। इस प्रकार ग्राम स्वाबलम्बी थे। वे एक दूसरे से स्वतंत्र और स्वाश्रय थे।

ग्राम-सभा

जब एक ही ग्राग में विविध उद्योग धंधों के आधार पर 'जन' विभाजित हो गए—अनेक श्रेणियाँ पैदा हो गई, तब उन्हें एक सूत्र में ग्रंथित करने के उद्देश्य-से ग्राम के संगठन के लिए एक संस्था की आवश्यकता अनुभव हुई। ग्राम में विविधि व्यवसायों के करने वाले लोगों के परस्पर हितों में सामंजस्य एवं एकता स्थापित करने के लिए 'ग्राम-सभा' की स्थापना की गई। इस प्रकार ग्राम सभाएँ समस्त आर्य राष्ट्र में जनता के लिए लोक हितकारी कार्य करने में लीन रहती थीं इससे आर्यों के प्रजातंत्र (Democracy) के उच्च आदर्श का परिचय मिलता है।

इन ग्राम-सभाओं में ग्राम-संबंधी सभी सार्वजनिक मामलों व प्रश्नों पर विचार किया जाता था। वे पारस्परिक विवादों के निर्णय के लिए न्याय-पंचायतों का भी कार्य करती थीं। इन सभाओं में ग्राम के विद्वान लोग सदस्य होते थे। ग्राम्यवादित सभा का अध्यक्ष होता था। ग्राम-सभा

भवन का नाम 'नरिष्टा' कहलाता था। जब सभा का अधिवेशन नहीं होता था, तब सभा भवन का लोग आधुनिक क्लब के रूप में प्रयोग करते थे। ग्राम-सभा, कृषि भूमि तथा भूमि-कर का प्रबंध करती थी। क्योंकि राज्य-कोष में कर जमा करना उसी का कर्तव्य था। इस प्रकार राष्ट्र के ये अंग छोटे-छोटे प्रजातंत्र (Republics) थे, जो राष्ट्र के अन्तर्गत रहते हुए भी स्वायत्त-शासित प्रजातंत्र थे।

वैदिक राज्य का आदर्श

ग्राम के सुप्रबंध के लिए ग्राम-सभा का जन्म हुआ और अनेक ग्रामों के समूह से राष्ट्र की उत्पत्ति हुई।

वैदिक युग में राजा राष्ट्र का शासक होता था। परन्तु 'राष्ट्र-सभा' राजा का निर्वाचन करती थी। ऋग्वेद में यह उल्लेख मिलता है कि विशः राजा का चुनाव करते हैं।"[3] अथर्ववेद के अनुसार राजकृतः और ग्रामीण राजा का निर्वाचन करते हैं।"[4] ऋग्वेद में निम्नलिखित स्वराज्य-सूक्तों में वैदिक राज्य के आदर्श की स्पष्ट झलक मिलती है:–

स त्वाम दद् वृपा मदः सोम शोनाभृतः सुतः।
येना वृत्रं निरदम्यो जघन्य वज्रिन्नोज सचिन्ननु स्वराज्यम्।।२।।
विते वज्रासो अस्थिर भवति नाका अनु।
महत इन्द्र वीर्य वाह्वास्ते बल हितमर्य मनु स्वराज्यम्।।८।।

ऋग्वेद मण्डल १, सूक्त ८०

"हे वज्र धारिन सभाध्यक्ष ! जिस न्याय-मुख-वर्धक सोम के द्वारा अपनी शक्ति के अनुसार स्वराज्य-शासन के अनुकूल प्रजाओं का पालन करता हुआ तू जल समान प्रजाओं से मेघ समान कर को पूर्णतया प्राप्त करता है। अथवा राष्ट्ररूप अन्तरिक्ष से अज्ञान शत्रुरूप वृत्र को सर्वथा नाश करता है। वह न्याय-मुख की वर्षा करने वाला आनन्ददायक ज्ञानियों

---

3. ऋग्वेद १०-१२४८
4. अथर्ववेद ३-५,७

से प्राप्त कराया गया अच्छी प्रकार साध्य हुआ ज्ञान, ऐश्वर्य अथवा कर तुझे हर्षित करता है।"

"हे राजन् ! स्वराज्यानुकूल आचरण करने से तेरा शत्रु-वारण सामर्थ्य महान् है और तेरी भुजाओं में प्रजा रक्षण शक्ति रखी है। अतः तेरे वज्र नदियों आदि के अनुकूल विशेष रूप से स्थिर हों।"

इससे स्पष्ट है कि वैदिक काल में 'स्वराज्य' का आदर्श प्रतिष्ठित था। राजा होते हुए भी राज्य में प्रजातंत्र अथवा पंचायती राज्य था। स्वर्गीय डॉ० काशी प्रसाद जायसवाल ने अपनी खोजपूर्ण पुस्तक 'हिन्दू-राजतंत्र' में स्पष्ट रूप से यह सिद्ध किया है कि वैदिक युग में प्रजातंत्र राज्य था।

ग्राम-सभाओं के संबंध में सर जार्ज वर्ड बुड का यह मत है कि "भारतवर्ष में जितनी धार्मिक एवं राजनीतिक क्रान्तियाँ हुई, उतनी संसार के किसी अन्य देश में नहीं हुई। परन्तु इस पर भी ग्राम सभाओं की स्थिति में कोई परिवर्तन नहीं हुआ। वे उसी, उत्साह और शक्ति के साथ काम करती रहीं।"

इसी संबंध में सर चार्ल्स मैटकाफ का कथन इस प्रकार है:–

"ग्राम–संस्थाएँ छोटे-छोटे जनतंत्र राज्यों का नाम था, जो कि अपने आप में पूर्ण थीं; जो कुछ भी उन्हें अपेक्षित था, वह उनमें निहित था; उनका अपने से बाह्य जगत के साथ संबंध कम ही था। ऐसा प्रतीत होता है कि जहाँ अन्य कुछ भी नहीं बचा, वहाँ वे बची रह गई।"

आर्य संस्कृति एवं कला के महान प्रशंसक श्री ई. वी. हैबल ने अपने ग्रन्थ में लिखा है:–

"ग्रेट ब्रिटेन की प्रजा ने पार्लीमेण्टरी संस्थाओं तथा संसार की बहुमूल्य सम्पत्ति की सहायता से जिस ऐश्वर्य और स्वाधीनता का भोग किया, उसकी तुलना उस वैभव से नहीं की जा सकती जो

---

5. E. B. Havell; History of Aryan Rule in India p. 235.

आर्यों ने ईसा से पाँचवीं सदी पूर्व तथा उसके उपरान्त प्राप्त की थी, यह वह समय था। जिसे हम अंधकार युग कहते हैं। ग्राम समुदायों के आधार पर प्रजा को सर्वोत्तम बुद्धि ने जिस भारतीय आर्य विधान की रचना की उससे कृषक केवल-भूमि के स्वामी ही नहीं प्रत्युत उन्हें राज्य–शासन में सत्ता भी अधिक प्राप्त हो गई।"[5]

ग्राम-संस्था पर कार्ल मार्क्स

साम्यवाद के महान आचार्य कार्ल मार्क्स के भारतीय ग्राम-संस्था के संबंध में क्या विचार हैं, यह जान लेना भी अत्यन्त आवश्यक है। कार्ल मार्क्स लिखते हैं:–

"ये छोटे और अत्यन्त प्राचीन भारतीय ग्राम समुदाय, जो आज पर्यन्त भी विद्यमान हैं, भूमि पर सम्मिलित स्वाम्य, कृषि और ग्राम उद्योगों के सम्मिलित प्रयोग तथा अपरिवर्तनीय ग्राम विभाग पर स्थिर है, जो एक नूतन समुदाय के निर्माण के लिए एक योजना का काम देते हैं। १०० से कई हजार एकड़ तक की भूमि पर सम्मिलित कृषि की जाती है। पैदावार का एक बड़ा भाग ग्राम वासियों के उपभोग के लिए नियत कर दिया जाता है; उसे बाजार में बेचा नहीं जाता। अत: उत्पादन श्रम-विभाजन से मुक्त हैं जो समूचे भारतीय समाज में पण्य के विनिमय के कारण उत्पन्न हो गया है। इस प्रकार जो उत्पादन ग्रामवासियों की आवश्यकता पूर्ति के बाद अवशेष रह जाता है, वह, जबतक राज्य के कोष में कर या लगान के रूप में नहीं पहुँच जाता, व्यापार वस्तु (Commodity) का रूप ग्रहण नहीं करता। भारत में इन ग्रामों का शासन-विधान विविध प्रकार का है। सबसे सामान्य और सरल विधान तो यह है कि भूमि सम्मिलित रुप से जोती-बोई जाती है और उत्पादन सब में विभाजित कर दिया जाता है। इसके साथ ही साथ प्रत्येक परिवार में सूत कातने तथा बुनाई का धंधा एक सहायक उद्योग के रूप में प्रचलित हैं। जनता को इस प्रकार हम एक ही कार्य या उद्योग में संलग्न पाते हैं। और उसमें से ही एक

'मुखिया' होता है, जो न्यायाधीश, पुलिस, तथा कर-संग्रह-कर्ता, इन तीनों का ही कार्य करता है। एक कृषि के संबंध में लेखा रखता है; एक अधिकारी फौजदारी के मामलों के चालान करता है, जो अपरिचित लोग यात्रा करते हैं, उनकी रक्षा करता है और दूसरे ग्राम तक उन्हें सुरक्षित रूप में पहुँचा देता है; सीमान्त-रक्षक, ग्राम की सीमाओं की रक्षा करता है; जलाधिकारी आवपाशी के लिए नहर या तालाब से जल-वितरण की व्यवस्था करता है; ब्राम्हण धार्मिक कृत्य करता है; अध्यापक, बालकों को खुले मैदान में लिखना-पढ़ना सिखलाता है। ज्योतिषी, कृषि के संबंध में शुभ मुहूर्त बतलाता है; लुहार और बढई कृषि संबंधी औजारों की मरम्मत करते हैं; कुम्हार बर्तन आदि बनाते हैं। नाई केश-कर्तन करते हैं; धोबी वस्त्र साफ करते हैं। सुनार आभूषण बनाते हैं। इन सब लोगों का पालन पोषण समस्त ग्राम द्वारा किया जाता है। यदि ग्राम में जन-संख्या बढ़ जाती है, तो नव ग्राम की रचना की जाती है—ठीक उसी नमूने की। इस ग्राम-विधान की मशीनरी से एक सुव्यवस्थित ग्राम-विभाजन प्रकट होता है।......इन ग्राग संस्थाओं में उत्पादन-संघठन की सादगी एवं सरलता है, जो अनवरत रूप से, नष्ट हो जाने पर पुनः प्रार्दुभूत हो जाती है,—यह सरलता एशियायी समाजों की अपरिवर्तन शीलता के रहस्य की कुंजी है। समाज की आर्थिक व्यवस्था का ढ़ांचा राजनीतिक उथल पुथल होने पर भी ज्यों का त्यों बना रहता है।"[6]

इस प्रकार हम इन प्राचीन ग्राम-संस्थाओं में स्वराज्य का वास्तविक रूप देखते हैं।

मौर्य काल में ग्राम-संस्था

मौर्य-काल में शासन प्रबंध इतना श्रेष्ट और लोक हितकारी था कि भारतीय एवं पाश्चात्य सभी विद्वानों और इतिहासकारों ने उसकी प्रशंसा की है। चाणक्य सम्राट चन्द्रगुप्त मौर्य के प्रधानामत्य थे। वह राजनीति

6. Karl Marx: Capital Vol. I. p. 391.

तथा अर्थनीति के प्रकाण्ड पडित थे। उनकी विश्व-विख्यात रचना 'अर्थशास्त्र' के नाम से प्रसिद्ध है। अर्थशास्त्र के अनुसार जनसंख्या के आधार पर ग्राम तीन वर्गो में रखे गए थे: (१) श्रेष्ठ (२) मध्यम और (३) कनिष्ठ।

राज्य-कर की दृष्टि से ग्राम चार भागों में विभाजित कर दिए गए:–

(१) ग्रामाग्र–(साधारण ग्राम)–इन पर राज्य-कर के साधारण नियम लागू थे।

(२) परिहारक–(राज्यकर से मुक्त)–इन ग्रामों से राज्य-कर नहीं लिया जाता था। ऋत्विक्, आचार्य, पुरोहित तथा श्रोत्रियों को बहुत-सी ऐसी जमीनें मुफ्त दे दी जाती थीं, जिनसे राज्य-कर नहीं लिया जाता था।

(३) आयुधीय–(यौद्धा-प्रधान ग्राम)–मौर्य-काल में ऐसे भी बहुत-से ग्राम थे जिनसे राज्य-कर कुछ भी नहीं लिया जाता था। परन्तु इन ग्रामों के निवासियों को युद्ध के समय सैनिक बनना पड़ता था।

(४) धान्य, पशु, सुवर्ण, वन्य-द्रव्य, स्वतंत्र श्रम आदि कर रूप में देने वाले ग्राम। इन ग्रामों से कर धन रुप में न लेकर धान्य आदि के रूप में लिया जाता था।

प्रत्येक ग्राम में एक ग्राम-सभा होती थी। इस सभा का जो अध्यक्ष होता था, वह राज्य की ओर से मुखिया माना जाता था। उस युग में जमींदारी की प्रथा नहीं थी। प्रत्येक कृषक अपनी भूमि का स्वामी था। प्रत्येक ग्राम में गोचर भूमि होती थी, जिसमें पशु चरते थे। ग्रामों की सीमाएँ बनी थीं और प्रत्येक ग्राम में एक सभा-भवन होता था। डॉ. प्राणनाथ विद्यालंकार ने मौर्य-काल की ग्राम-संस्था का वर्णन इस प्रकार किया है:–

"परदेश या स्वदेश के निवासियों द्वारा शून्य या नवीन जनपद को बसाया जाये। प्रत्येक ग्राम सौ परिवारों से पाँच सौ परिवारों तक का

हो। उसमें शूद्र कृषकों की संख्या अधिक हो और उनको सीमा एक कोस से दो कोस तक विस्तृत हो। वह इस प्रकार स्थापित किए जाएं कि एक दूसरे की रक्षा कर सकें। नदी, पहाड़, जंगल, पेड़, गुहा, नहर, तालाब, पीपल तथा बड़ आदि से उनकी सीमा नियत की जाए। आठ सौ ग्रामों के मध्य में स्थानीय, चार सौ ग्रामों के मध्य में द्रोणामुख, दो सौ ग्रामों के मध्य में खावंटिक तथा दस ग्रामों के मध्य ये संग्रहण नामक दुर्ग बनाये जायें। राष्ट्र की सीमाओं पर अन्तपाल के दुर्ग खड़े किए जाएं और प्रत्येक जनपद द्वारा उसके द्वार सुरक्षित रखे जाएं। वागुरिक, शवर, पुलिक, चाण्डाल तथा जंगली लोग शेष सम्पूर्ण सीमा की रक्षा करें।

ऋत्विक्, आचार्य, पुरोहित तथा श्रोत्रियों को अभिरूप फलदायक ब्रह्मदेश दिया जाए और उनको राजदण्ड और राज्यकर से मुक्त कर दिया जाए। अध्यक्ष, संख्यापक, गोप, स्थानिक अनीकस्थ, चिकित्सक, अश्व, दमक, जंधारिक आदि राज्य-सेवकों को भूमि दी जाए; परन्तु उन्हें यह अधिकार न हो कि वह उसे बेच सकें या थाती (गिरवी) रख सकें।

राजस्व देने वाले लोगों को ऐसे खेत दिये जाएं, जो एक पुरुष के लिए पर्याप्त हों। खेतिहरों को नई भूमि नहीं दी जाए। जो खेती न करें, उनसे खेत छीनकर दूसरों को दे दिया जाए। ग्राम-मृतक या बनिये ही उन पर खेती करें। जो खेत जोतें, वे सरकारी हर्जाना भरें। जो सुगमता से राजस्व दें, उनको धान्य, पशु तथा हिरण्य से सहायता पहुँचाई जाए। साथ ही यह ख्याल रखा जाय कि अनुग्रह तथा परिहार से कोष की वृद्धि हो और जिससे कोष की हानि की संभावना हो, उसको न किया जाए। क्योंकि अल्प कोष वाला राजा नागरिकों तथा ग्रामीणों को ही सताता है। नये बन्दोवस्त या अन्य आकस्मिक समय में ही विशेष-विशेष व्यक्तियों को राजस्व से मुक्त किया जाए। जिन लोगों का राज्यकर-

मुक्ति या परिहार का समय समाप्त हो जाए, उन पर पिता के तुल्य अनुग्रह रखा जाए।"[7]

चाणक्य के अर्थशास्त्र में ग्राम-संस्थाओं का जो विवेचन उपर्युक्त अवतरण में दिया गया है, उससे यह स्पष्ट है कि ग्राम संस्थाएँ पूर्णतः स्वायत्त-शासित संस्थाएं थी। इन ग्राम सभाओं में ग्रामवासियों के हितों से संबंधित प्रत्येक विषय पर विचार किया जाता था। कृषि, व्यवसाय, रक्षा, आदि प्रश्नों के अतिरिक्त मनोरंजन, स्वास्थ्य एवं सांस्कृतिक समस्याओं पर भी विचार किया जाता था। प्रत्येक ग्राम का एक मुखिया होता था, जो ग्रामिक कहलाता था।

ग्राम सभाओं में बनाये गये नियम धर्म-स्थानीय न्यायालय में सम्मान की दृष्टि से देखे जाते थे। इसलिए चाणक्य ने लिखा है:-

"इस तरह देश-संघ, जाति-संघ, कुल-संघ जो समय (Agreement) करे, उसका उलंघन न किया जाए, यह बताया जाए।"

"अक्ष-पटल का अध्यक्ष, देश-संघ, ग्राम-संघ, जाति-संघ, और कुल-संघ के धर्म (Laws) व्यवहार, चरित्र, संस्थान आदि को पुस्तकों में सुरक्षित रखें।"

इन ग्राम-सभाओं में अपराधियों को दण्ड देने की भी व्यवस्था थी और ग्रामों की रक्षा का भार भी उन पर था।

गुप्त-काल के ग्राम

गुप्त-काल में ग्राम सभाओं की क्या स्थिति थी, इसका प्रामाणिक विवरण हम स्वर्गीय विज्ञानाचार्य प्रो० रामदास गौड़ की पुस्तक "हमारे गाँवों की कहानी" से यहाँ प्रस्तुत करते हैं:-

"उस काल में भी पंचायतें बनी हुई थीं। किसानों की, कारीगरों की,

---

7. डॉ. प्राणनाथ विद्यालंकार: अर्थ शास्त्र पृ. ३९-४१

अनुग्रह : उत्तम काम करने के उपलक्ष्य में राजा किसानों व कारीगरों को जो पुरूस्कार देता है, उसे अनुग्रह कहा गया है।

परिहार : राज्यकर से मुक्त करना। पुत्रोत्पीत, जन्म-दिवस आदि पर राजा ऐसा करते हैं।

कलावन्तो की, साहूकारों की, नटों की और सन्यासियों तक की पंचायतें संगठित थीं। इन पंचायतों के नियम बने हुए थे और वे सरकारी कानून के अन्तर्गत समझे जाते थे। उनके अधिकार और उनके नियम उस समय की सरकार मानती थी। जो लोग पंचायत के सदस्यों में फूट डालने के अपराधी होते थे, उन्हें सरकार की ओर से कड़ा दण्ड मिलता था। क्योंकि ऐसों को कड़ा दण्ड न दिया जाएगा तो यह फूट की बीमारी महामारी की तरह महा भयानक रीति से फैल जाएगी। याज्ञवलक्य संहिता में लिखा है कि जो कोई पंचायत की चोरी करे या वचन तोड़े तो उसे देश निकाला दे दिया जाए। और उसकी सारी जायदाद जब्त कर ली जाए। पंचायतों के पास पंचायती जायदाद भी होती थी और पंचायत के संघठन के नियम विस्तार से बने हुए थे। परंतु नियमों के बनाने में यह बात बराबर ध्यान में रखी जाती थी कि उस समय के कानून से और धर्म-शास्त्र के नियमों से कोई विरोध न पड़े। पंचायतों की नियम वाली का नाम 'समय' था। और पंचायत का काम करने वाले 'कार्य-चिन्तक' कहलाते थे।

"पंचायत में जो लोग ईमानदार और पवित्र आचरण के समझे जाते थे वे ही कार्य-चिन्तक बनाये जाते थे और वे ही पंचायत के नाम से सरकारी दरबारों में काम करते थे। सरकार में उनका बड़ा मान-सम्मान होता था। पंचायत के सदस्यों पर भी उनका अधिकार था। उनके फैसले जो न माने, उन्हें वे दण्ड दे सकते थे।"

इसके बाद विक्रमी तेहरवीं शताब्दी तक भारत में ग्राम-संस्था का जो रूप विद्यमान था, उसके संबंध, में स्वर्गीय महामहोपाध्याय श्री गौरीशंकर हीराचंद ओझा का मत इस प्रकार है:—

"शासन की सुविधा के लिए देश भिन्न-भिन्न भागों में बटा हुआ था। मुख्य विभाग भुक्ति (प्रान्त), विषम (जिला) और ग्राम थे। सबसे मुख्य संस्था ग्राम-संस्था थी। बहुत प्राचीन काल से भारत में ग्राम-संस्थाओं का प्रचार था। ग्राम के लिए वहाँ की पंचायत ही सब

कुछ कार्य करती थी। केन्द्रीय सरकार का उसी से सबंध रहता था। यह ग्राम-संस्थाएँ एक छोटी-सी प्रजातंत्र सरकारें थीं, इनमें प्रजा का अधिकार था। केन्द्रीय सरकार के अधीन होते हुए भी यह एक प्रकार से स्वतंत्र थीं।

"प्राचीन तामिल इतिहास से उस समय की शासन पद्धति का विस्तृत परिचय मिलता है; परन्तु हम स्थानाभाव से संक्षिप्त वर्णन ही देंगे। शासन कार्य में राजा को सहायता देने के लिए पाँच समितियाँ होती थीं। इनके अतिरिक्त जिले में तीन सभाएँ होती थी। ब्राह्मण-सभा में राब ब्राह्मण सम्मिलित होते थे। व्यापारियों की सभा व्यापार आदि का प्रबंध करती थी। चोल राज (प्रथम) के शिला लेखों से १५० ग्रामों में ग्राम-सभाओं के होने का पता चलता है। इन सभाओं के अधिवेशन के लिए बड़े-बड़े भवन होते थे, जैसे कि तंजोर आदि में बने हुए हैं। साधारण ग्रामों में बड़े-बड़े वटवृक्षों के नीचे पंचायतों के अधिवेशन होते थे। ग्राम सभाओं के दो रूप-विचार-सभा और शासन-सभा होते थे। सम्पूर्ण सभा के सदस्य कई समितियों में विभाजित कर दिए जाते थे। कृषि, उद्यान, सिंचाई, व्यापार, मन्दिर, दान आदि के लिए भिन्न-भिन्न समितियाँ थीं।"[8]

मुस्लिम शासन-काल में भी ग्राम-पंचायतें ज्यों की त्यों कायम रहीं, उस समय ग्राम अपना स्वतंत्र शासन करते थे। प्रत्येक ग्राम में पंचायत होती थी जिसका सरपंच उत्तर भारत में मुखिया या चौधरी कहलाता था और दक्षिण भारत में अपगर। मुखिया या अपगर को या तो पंचायत की ओर से खेत मिल जाता था या फसल पर किसान लोग उपज का कुछ अंश दे देते थे। यह मुखिया पंचायत की ओर से छोटे-छोटे मुकद्दमों के फैसले करते थे, मालगुजारी संग्रह करते थे। वे अमन शान्ति रखते थे। इन्ही लोगों के द्वारा राजा और किसान के बीच संबंध बना रहता था।

---

8. महामहोपाध्याय पं. गौरीशंकर हीराचंद ओझा: 'मध्य कालीन भारतीय संस्कृति पृं. १५३-१५४

भारत में अंग्रेजों के पदार्पण के साथ ही इस देश की ग्राम-संस्था का विघठन आरम्भ हो गया और अंग्रेजी सत्ता स्थापित हो जाने के उपरान्त तो ग्राम-तथा ग्राम-उद्योग नष्ट ही कर दिये गए।

2

अंग्रेजी राज्य में ग्राम-संस्था का विनाश

भारत में अंग्रेजों के आगमन से पूर्व विदेशी जातियों ने, अनेक बार प्रवेश किया, इस पर चढ़ाई की और अन्त में वे सब यहाँ बस गए। शक, हूण आदि अनेक जातियाँ तो हिन्दुत्व में साम्मलित हो गईं। आज भारत में उनका कहीं नाम भी नहीं सुना जाता। अरब, मुगल, पठान आदि मुस्लिम जातियों ने भारत पर आक्रमण किए, देश विजय कर अपना शासन स्थापित किया। परन्तु इन मुस्लिम शासकों ने भारतीय ग्राम-संस्था और भारतीय संस्कृति को नष्ट करने का प्रयत्न नहीं किया। ग्राम-जीवन सुरक्षित रहा और ग्राम-उद्योग भी ज्यों के त्यों कायम रहे। कहने का प्रयोजन यह है कि भारत का सामाजिक तथा आर्थिक संघठन मुस्लिम-काल में सुरक्षित रहा।

ब्रिटेन में सन् १६०० में ईस्ट इंडिया कंपनी ७० हजार पौंड की पूंजी के साथ भारत में व्यापार करने लिए स्थापित की गई। तत्कालीन ब्रिटेन की सरकार ने कंपनी को भारत में व्यापार करने का आज्ञा पत्र दे दिया। इस कंपनी के अतिरिक्त ब्रिटेन का कोई भी नागरिक भारत के साथ व्यापार नहीं कर सकता था। ईस्ट इंडिया कंपनी ने भारत में यहाँ के शासकों-राजाओं तथा सम्राटों-से मिलकर व्यापार करने की सुविधाएँ

प्राप्त कर लीं। सबसे पहले सूरत (बंबई प्रान्त) में इसने अपना केन्द्र स्थापित किया; फिर शनैः शनैः भारत के अन्य नगरों में भी अपने व्यापार केन्द्र स्थापित कर लिए।

अंगरेजों के आगमन के समय भारत की समृद्धि

जिस समय अंग्रेज भारत में व्यापार करने आये उस समय इस देश की क्या अवस्था थी, इसका विवेचन जे. टी. सदर लैण्ड नामक पाश्चात्य विद्वान ने बड़ी सुन्दरता के साथ किया है। वह लिखते हैं:–

"देश की यह सम्पत्ति हिन्दुओं के विविध और व्यापक व्यवसायों द्वारा उत्पन्न की गई थी। सभ्य संसार की प्रायः प्रत्येक वस्तु का निर्माण उस युग में भारत में बहुत वर्षों पूर्व हो चुका था। भारत यूरोप या एशिया के किसी भी राष्ट्र के मुकाबले में एक महान् औद्योगिक देश था। उसका वस्त्र व्यवसाय–सूती, ऊनी और रेशमी हस्त-कौशल द्वारा प्रस्तुत वस्त्र समस्त सभ्य संसार में प्रसिद्ध था; इसी प्रकार उसके रत्न-जटित बहुमूल्य जवाहिरात भी प्रख्यात थे। विविध प्रकार के, विविध रंग और आकार के सुन्दर चीनी व मिट्टी के बर्तन संसार भर में प्रसिद्ध थे। लोह-स्टील, सोने-चांदी के सुन्दर काम के लिए भारत जगत-विख्यात था। भवन निर्माण कला तथा वस्तु-कला के लिए भी वह प्रसिद्ध था। इन्जीनियरी के बड़े-बड़े काम भारत में होते थे। उस समय इस देश में महान व्यवसायी, महान् व्यापारी, बैंकर और अर्थ शास्त्री थे। भारत में केवल महान जलयान ही नहीं बनते थे, प्रत्युत वह संसार के समस्त सभ्य देशों के साथ समुद्र और थल-मार्ग द्वारा व्यापार भी करता था। ऐसा था यह भारत देश जब अंग्रेजों ने इसकी भूमि पर अपने पग रखे।"

'प्राचीन तथा मध्य युगीन भारत' (AncientAnd Medieval India) नामक पुस्तक के लेखक मेर्निग ने लिखा है:–

"ढाका की मलमल इतनी बारीक तैयार होती थी कि उन्नीसवीं सदी की मशीनें उतना बारीक सूत नहीं निकाल सकी थीं।"

सूती–वस्त्र का व्यवसाय भारत में इतनी उन्नत अवस्था में था कि वह योरप और एशिया के देशों की राजधानियों में राज–परिवारों में खरीदा जाता था। टेवर्नियर ने लिखा है:–

> "सन् १६८२ में अकेले सूरत बन्दर में १४,३६,०८५ और समूचे भारत से ३०,००,००० से अधिक थान इंगलैण्ड के लिए भेजे गए।

इसके अतिरिक्त रेशमी वस्त्र भी बहुत बढ़िया तैयार होते थे। टेबनियर ने केवल कासिम बाजार के संबंध में यह लिखा:–

> "बंगाल के इस गाँव से २२ लाख पौंड़ वजन की रेशमी कपडे की, २२ हजार गांठे विदेश जाती हैं। सोने चाँदी के, कलबत्त का काम, कढ़े हुए रेशम के गलीचे आदि, सैंकड़ों प्रकार की अत्यन्त सुन्दर वस्तुएँ भारत में तैयार की जाती हैं। ढ़ाका की मलमल तो इतनी अपूर्व बनती है कि कई बार तो वह सोने–चाँदी के भाव बिकती है।"

इसी प्रकार वर्नियर लिखते हैं:– "बंगाल में इतना रेशमी माल तैयार होता है कि वह मुगल साम्राज्य का ही नहीं, बल्कि यूरोपियन साम्राज्य तक की आवश्यकता की पूर्ति कर सकता है।" रेशमी माल के लिए बंगाल का मुर्शिदाबाद बहुत प्रसिद्ध था और आज भी वह सारे देश में, रेशमी वस्त्रों के लिए प्रसिद्ध है। बनारस दक्षिण हैदराबाद, पूना, मैसूर, सूरत तथा थाना भी रेशमी माल के लिए प्रसिद्ध थे और इस युग में भी वे प्रसिद्ध हैं।

ऊनी वस्त्रों के लिए कश्मीर प्रसिद्ध था और आज भी वह प्रसिद्ध है। कश्मीर के दुशाले आज भी प्रसिद्ध हैं। सन् १८८६ में अंगरेजों की कश्मीर राज्य से जो संधि हुई थी, उसमें एक शर्त यह भी थी कि कश्मीर राज्य प्रतिवर्ष कश्मीर का तैयार किया हुआ एक शाल सम्राट को भेजता रहेगा। यह शाल ८०००) रू. के मूल्य का होता था।

ग्राम–उद्योगों का विनाश

भारत की ग्राम संस्था का सर्वनाश करने के उद्देश्य से अंग्रेजों ने

सबसे प्रथम ग्रामोद्योगों का विनाश किया। सूती-वस्त्र-व्यवसाय के विनाश के लिए सभी प्रकार से प्रयत्न किया गया, जिससे इंगलैण्ड के वस्त्र-व्यवसाय की उन्नति हो। अत्यन्त प्राचीन समय से भारत से बड़े सुन्दर और मुलायम वस्त्र एशियायी पश्चिमी देशों तथा यूरोप के नगरों में जल तथा थल मार्ग से जाते थे। भारत में तैयार छोटें और मलमल ने इंगलैण्ड की साधारण जनता में ही नहीं राज-प्रासादों और कुलीन परिवारों में भी लोकप्रियता प्राप्त करली थी। इसी कारण सन् १७०० और १७२१ में पार्लमैंट में कानून पास करवा कर हिन्दुस्तान के छपे हुए और रंगीन माल पर भारी चुंगी लगवाई गई और वैसे माल की आयात बन्द करवा दी गई।"[1]

यही नहीं ईस्ट इंडिया कंपनी सूती वस्त्र पर अत्यन्त मुनाफा लेती थी।

"भारतीय सूती वस्त्र के जिस थान की कीमत ७ शिलिंग पड़ती थी वह २० शिलिङ्ग में बेचा जाता था।"

लियाल नामक एक अंग्रेज ने लिखा है:-"भारत पर हमारे शासन का मुख्य कारण यही है कि उसके व्यापार से हमें भारी लाभ होता है। सन् १६६२ में हम भारत से ३,५६,२८८ पौंड का माल इंगलैण्ड लाये और वह यहाँ १९,१४,६०० पौंड में बिका।" इस प्रकार, एक साल में इससे कंपनी को १५,५८,३१२ पौंड का मुनाफा हुआ!

ईस्ट इंडिया कंपनी ने भारतीय व्यापार से भारी मुनाफा उठाया। यही नहीं उसके कर्मचारियों ने भारतीय जनता पर नानाविधि अत्याचार किए, बुनकरों को नाना प्रकार की यंत्रणाएँ दीं और नवाबों ने भी जनता को लूटने में सहयोग दिया। सन् १७५७ से १७६७ की शताब्दी में कंपनी ने ६० लाख पौंड भारतीयों से भेंट स्वरुप लिए! लार्ड मैकाले ने इस संबंध में लिखा है:-

"बंगाल से क्लाइव की विदाई के बाद पाँच वर्षों में अंग्रेजों का कुशासन इस सीमा तक पहुँच गया था कि जिसके अस्तित्व में

---

1. Major B. D. Basu: Ruin of Indian Trade & Industry p. 4.

समाज की स्थिति संभव नहीं थी।......कंपनी के कर्मचारी भारतीयों को महंगा माल खरीदने और उन्हें सस्ता माल बेचने के लिए बाध्य करते थे।...ये अपने साथ ऐसे पिछलग्गू रखते थे, जो प्रान्तों में घूम फिर कर ग्रामों का विनाश कर देते और आतंक या भय का राज्य स्थापित कर देते थे। कंपनी के प्रत्येक कर्मचारी को अपने अफसर के समान अधिकार प्राप्त थे और प्रत्येक अफसर के हाथ में कंपनी के समस्त अधिकार थे। इस प्रकार अल्प-काल में ही देश का धन कलकत्ता में खिंच आया और ३,००,००,००० भारतीय जन सर्वथा दरिद्रता और गरीबी के शिकार बन गये। वे पहले से (मुगल शासन में) निरंकुशता के कठोर शासन में रहते आये हैं। परन्तु यह निरंकुशता उनके लिए एक नूतन अनुभव था। अपने पूर्व शासकों के आधीन उनके पास कम से कम एक साधन तो था ही। जब बुराई या अत्याचार उनके लिए असह्य हो जाता था तो प्रजा विद्रोही बनकर उस शासन का खात्मा कर देती थी। परन्तु अंग्रेजी सरकार इस तरह थोड़े ही नष्ट की जा सकती थी। अंग्रेजी सरकार बर्बरता-पूर्ण निरंकुशता के रूप में अत्याचारी होने के साथ-साथ इतनी बलशाली थी कि उसे सभ्यता के समस्त उपकारण उपलब्ध थे।"[2]

विलियम बोल्टस नामक एक अंग्रेज व्यापारी ने अपनी आँखों देखी बात का जो वर्णन किया है, वह उसी के शब्दों में इस प्रकार है:-

"कम्पनी का हिन्दुस्तान में और ब्रिटेन के साथ जो व्यापार चलता है, वह, अगर सच कहा जाए तो अत्याचारों की एक शृंखला ही है। देश के जुलाहों और कारखानेदारों को इन अत्याचारों का अनिष्ट परिणाम अत्यन्त तीव्रता के साथ अनुभव करना पड़ता है। देश में तैयार होने वाली प्रत्येक वस्तु का एक ही मालिक बन बैठता है और अंग्रेज लोग अपने बनियों और कृष्णवर्गीय गुमाश्तों की सलाह से अपनी मनमानी तौर पर यह फैसला कर डालते हैं कि प्रत्येक कारखानेदार

2. Macaulay: Critical & Historical Essays Vol. I p. 528.

को उसे कितना माल तैयार करके देना है और उसकी कितनी कीमत लेनी चाहिए। गुमाश्ता कारखाने के केन्द्र स्थान पर पहुँचकर अपने ठहरने का एक स्थान निश्चित करता है और उसे 'अदालत' कहता है। वहाँ जुलाहों के आने पर गुमाश्ता अपने पट्टेदारों और चपरासियों के द्वारा उन्हें इस आशय के इकरार नामों पर हस्ताक्षर करने के लिए बाध्य करता है कि 'हम आपको अमुक समय इतना माल देंगे।' और इसके लिए उन्हें कुछ पैसे पेशगी दे दिये जाते हैं। इसके लिए सामान्यतया गरीब जुलाहों की सम्मति लेना आवश्यक नहीं समझा जाता, क्योंकि गुमाश्ते उन्हें मनमाने कागज पर हस्ताक्षर करने के लिए बाध्य करते हैं और अगर वे पेशगी रुपये लेने से इन्कार करते हैं, तो बलपूर्वक रूपये उनकी कमर से बांध दिये जाते और फिर कोड़े मार कर उन्हें भगा दिया जाता है।

"इन जुलाहों में से बहुतों के नाम सामान्यतः गुमाश्तों के रजिस्टरों में दर्ज होते हैं! उन्हें अपने निश्चित गुमाश्ते के अतिरिक्त किसी दूसरे गुमाश्ते का काम करने की आज्ञा नहीं होती। उस गुमाश्ते की बदली हो जाने पर उसके रजिस्टर में यह नोट कर दिया जाता था कि उसके बाद आने वाले गुमाश्ते के इतने जुलाहे गुलाम है। इस नोट का यही उद्देश्य होता था कि बाद में आनेवाला गुमाश्ता भी पहले गुमाश्ते की तरह अत्याचार और लूट कर सके। इस विभाग में जो लूट होती है, वह कल्पनातीत है। इस सब लूट का अन्तिम परिणाम जुलाहों की टूट होता है, क्योंकि बाजार में उनके थान जिस कीमत में बेचे जाते हैं, ये गुमाश्ते उसमें १५ प्रतिशत और कहीं-कहीं ४० प्रतिशत तक कम कीमत ठहराते हैं।......कच्चा रेशम लपेटने वाले 'नाडगौड' पर भी इसी तरह के अत्याचार होते थे; इसलिए दुबारा इन अत्याचारों से बचने के लिए उन्होंने अपने v aBsd kV fy,], s sfd rusgh mnkgj.k ge tkurs gSa[3]

3. रमेशचन्द्र दत्तः ब्रिटिश भारत का आर्थिक इतिहास, भाग २ पृष्ट १०

किसानों का दमन

दक्षिण के माल-कमिश्नर मि० सेविलि मैटीयर ने सन् १८३६ में सर आर ग्रांड को एक पत्र में भारत की स्थिति के संबंध में लिखा:-

"पिछले कुछ वर्षों में मैंने और मेरे अनेक सहयोगियों ने भारतवासियों का और विशेषरुप से राष्ट्र के आधार-भूत किसानों का विनाश अतीव दुःख के साथ देखा है। आप यह जानकर आश्चर्य चकित होंगे कि अत्याचार और दमन के कठोर मुस्लिम शासन में भी जब प्रजा पर कर अधिक लिये जाते थे, तब भी भारतीय जनता इस समय की अपेक्षा अधिक सुखी थी और विचित्र बात तो यह है कि अंगरेजों के इस दयालुता पूर्ण शासन का हमें अभिमान है? क्या यह हमारी बदनामी नहीं है?...इसके केवल आर्थिक दुष्परिणाम ही नहीं हुए। इसके अतिरिक्त कई दूसरी अवांछनीय और प्रतिकूल अवस्थाऐं भी पैदा हो गई हैं, जिन्हें विदेशी शासन से कभी अलग नहीं किया जा सकता। देश किस तरह गरीबी की चरम-सीमा तक पहुँच चुका है, यह आप इसी से समझ लेंगे कि सरकारी आय का एक बहुत बड़ा हिस्सा लोगों ने वर्षों से एकत्रित अपनी अल्प बचत को खत्म करके अदा किया है। मेरा संकेत किसानों की ओर है।... मुझे विश्वास है कि जाँच से यह साबित हो जायेगा कि किसान की सम्पत्ति का एक बड़ा हिस्सा-मवेशी और घर गिरस्ती के बर्तन तक-उनके हाथ से निकल कर सरकारी कोष को भरने के काम आते हैं। इस भयानक गरीबी का दूसरा परिणाम यह हुआ कि हजारों-लाखों किसान मजदूरी के लिये इधर-उधर मारे-मारे घूमते दृष्टिगत होते हैं। देश के किसी कोने में चले जाइए, ये किसान आपको घूमते दृष्टिगत होंगे। वे बड़ी खुशी से छोटी से छोटी मजदूरी भी स्वीकार कर लेते हैं। यदि एक शब्द में कहा जाये, तो यह कहने में अतिशयोक्ति नहीं कि हर एक वस्तु और हर एक घटना देश को बड़ी तेजी के साथ भयानक दरिद्रता की ओर ले जा रही है।"

साम्यवाद के आचार्य कार्ल मार्क्स ने अपनी विश्व विख्यात पुस्तक 'पूंजीवाद' में लिखा है:-

"वह अंग्रेज आक्रमणकारी था जिसने भारतीय कर्घे और चर्खे को नष्ट कर दिया। इंगलैण्ड ने यूरोपीय बाजार से भारतीय रुई तथा सूती वस्त्र के निष्कासन के लिये प्रयत्न आरम्भ कर दिया और तब उसने भारत में सूती वस्त्र का निर्यात आरम्भ कर दिया और सूती वस्त्र-व्यवसाय के महान केन्द्र भारत को अपने सूती वस्त्रों से पाट दिया। सन् १८१८ से १८३६ तक इंगलेण्ड से भारत को सूती माल का निर्यात १ से ५,२०० के अनुपात में हुआ। सन् १८२४ में अंग्रेजी मलमल का भारत में निर्यात १,०००,००० गज था जब कि १८३७ में यह बढ़कर ६४,०००,००० गज हो गया। परन्तु इसके साथ ही साथ ढ़ाका की जनसंख्या जो, पहले १५०,००० थी, वह घट कर २०,००० ही रह गई! प्रसिद्ध भारतीय नगरों का यह पतन, जो वस्त्र-व्यवसाय के लिए दुनिया भर में सुप्रसिद्ध थे, वास्तव में अति दु:खद परिणाम था। ब्रिटिश टीम और सायंस ने समस्त भारत से कृषि और उद्योग के सबंध का खात्मा कर दिया।"[4]

इस प्रकार हम यह स्पष्टत: देखते हैं कि अंग्रेजों ने भारत की ग्राम-संस्था का सर्वनाश करने के उद्देश से भारतीय किसानों को महा दरिद्र बना दिया और समस्त ग्रामोद्योगों को नष्ट कर भारत को कंगाल कर दिया।

ग्राम-स्वराज्य का विनाश

जब भारतीय कृषक और भारतीय कर्घे एवं चर्खे का विनाश कर दिया गया, तब ग्राम-स्वराज्य की रक्षा करने वाला ही कौन रह गया। भारतीय नागरिकों तथा ग्रामीण जनता में आत्म-गौरव, देश-भक्ति, बलिदान, आत्म-निर्भरता एवं आत्म-रक्षा के उच्च माननीय भावों एवं आदर्शों की

4. Marx and Engels on India by Mulk Raj Anand p. 18.

प्रतिष्ठा करने वाली ग्राम-सभाओं का समूल नाश करना अंग्रेजी राज्य का सर्व प्रथम उद्देश्य था। इंगलैण्ड की समृद्धि तथा भारत में अंग्रेजी वाणिज्य-व्यापार को चमकाने के लिए भारत को दरिद्र बनाना उसका मुख्य ध्येय था। इस प्रकार ग्राम-संस्था के विनाश के साथ ही समाज का सामाजिक एवं आर्थिक ढांचा भी दूषित और खंडित हो गया। ग्रामोद्योग भी गृह शिल्प और कला-कौशल सभी नष्ट हो गए।

ग्राम-जीवन में अनेक बुराईयों ने घर कर लिया। इनमें सबसे भयानक थी जमींदारी प्रथा। इस कारण जमींदारों द्वारा किसानों का और भी आर्थिक शोषण होने लगा। अब ग्राम-सभा-प्रजातंत्र-शासन का स्थान जमींदारों की निरंकुशता ने ले लिया। भारत में ब्रिटिश साम्रज्यवादी शोषण-नीति का सबसे निकृष्ट अंग तो यह था कि इन ग्राम संस्थाओं का सर्वनाश करके इनके स्थान पर किसी नवीन संघठन की रचना करने का प्रयत्न ही नहीं किया गया।

समस्त देश को शासन की सुविधा के लिए प्रान्तों में विभाजित कर दिया और प्रत्येक प्रान्त को कई जिलों में। प्रत्येक जिले को कई तहसीलों में और एक तहसील के अन्तर्गत कई सौ ग्राम रखे गए। जिलों के अधिकारी डिप्टी कमिश्नर या कलैक्टर नियुक्त किये गए; तहसील के अधिकारी डिप्टी कलैक्टर। परन्तु ये जिले के हेड क्वाटर पर ही रहते थे। अतः प्रत्येक तहसील के लिए तहसीलदार और नायब तहसीलदार भी नियुक्त किए गये। तहसीलदार की सहायता के लिए कानूनगो और पटवारी नियुक्त किए गए।

नायब तहसीलदार, कानूनगो और पटवारी तहसील की मालगुजारी और कृषि संबंधी प्रबंध का कार्य करने लगे। प्रत्येक ग्राम में एक चौकीदार और एक मुखिया होता है। चौकीदार पुलिस को ग्राम के संबंध में प्रत्येक घटना अथवा अपराध की सूचना देता है। मुखिया मालगुजारी विभाग का कर्मचारी है। यह अवैतनिक होता है। ग्राम की जनता मुखिया का चुनाव करती है।

अंग्रेजी राज्य में ग्राम-पंचायतें

इस प्रकार ग्राम-संस्था का विनाश करने के बाद सन् १९१९ में मोन्टेग्यू चेम्सफोर्ड-शासन-सुधार रिपोर्ट में यह सिफारिश की गई कि भारत के ग्रामों में पंचायत प्रणाली की स्थापना की जाए। इस सिफारिश के अनुसार भारत के प्रत्येक प्रान्त की धारा-सभा ने प्रान्तीय ग्राम-पंचायत कानून स्वीकार कर जो ग्राम-पंचायतें स्थापित करने की व्यवस्था की वे प्राचीन ग्राम-संस्थाओं से मौलिक रूप से भिन्न थीं। उनका कार्य क्षेत्र अति सीमित था। इस संबंध में सायमन-कमीशन (१९३०) ने अपनी रिपोर्ट में लिखा है:-

> "ग्राम-पंचायत का एक या ग्राम-समूह पर अधिकार होता है। उसका मुख्य काम ऐसे कार्यों का प्रबंध करना है, जो ग्राम के लिये उपयोगी हों जैसे कूप-निर्माण, ग्राम स्वास्थ्य; परन्तु कभी-कभी उसे सड़क बनाने, अस्पताल खोलने और पाठशालाएँ खोलने के भी अधिकार दे दिये गये। मद्रास प्रान्त में तो सिंचाई और गाँव के जंगलों की व्यवस्था भी पंचायतों के हाथ में सौंप दी गई। कुछ प्रान्तों में उसे छोटे-छोटे दीवानी व फौजदारी के मुकद्दमों के फैसले करने के अधिकार भी दिये गये।
>
> "सयुंक्त प्रान्त के अतिरिक्त अन्य प्रान्तों में पंचायतों के सदस्य चुने जाते हैं। मद्रास, बंबई, आसाम में समस्त पुरुष वयस्कों और मध्य प्रान्त में समस्त वयस्कों को पंचायतों के सदस्यों के चुनाव के लिए मताधिकार प्राप्त है। मत हाथों के संकेत से लिये जाते हैं।......
>
> "इन ग्राम-पंचायतों के अधिकारियों की प्रतिष्ठा के लिए भारी प्रयत्न करने पर भी इस दशा में अधिक प्रगति नहीं दीख पड़ती।"

इन ग्राम-पंचायतों के संबंध में सायमन कमीशन ने उन कठिनाईयों की भी चर्चा की है, जिनका इन्हें सामना करना पड़ता है। रिपोर्ट में इस संबंध में यह लिखा है:-

> "ऐसे ग्रामों का चुनाव, जिनमें पंचायतों की स्थापना सफलता के

साथ हो सके, सावधानी के साथ होना चाहिये। चुनाव का क्षेत्र है। प्रथम तो उन ग्रामों को अलग रखना चाहिए जो संघर्ष के केन्द्र हैं। दूसरे, आवश्यक योग्यता से युक्त, बुद्धिमान् पुरुषों का अभाव है और ऐसे व्यक्ति मिल भी जाएँ तो वे एक ही जाति या कुटुम्ब से संबंधित होते हैं। परिणामत: एक पंचायत नहीं बनाई जा सकती। अधिकांश ग्राम इस दिशा में सर्वथा उदासीन हैं। फिर अनुभव यह बतलाता है कि पंचायतें उस अवस्था में कम सफल होती है जब कि उन पर शक्तिशाली जमींदारों का प्रभाव होता है। अन्त में, सुयोग्य सरपंच के चुनाव में बड़ी कठिनाई होती है। क्योंकि उसके व्यक्तित्व पर ही पंचायत की सफलता निर्भर है।... गाँव के झगड़े जाति या साम्प्रदायक विवादों का कुछ स्थानों में पंचायतों पर बुरा प्रभाव पड़ता है।"[5]

ग्राम-पंचायतों की स्थिति की जैसी आलोचना सायमन कमीशन ने की है, उससे यह स्पष्ट है कि इन पंचायतों से ग्रामों में न ग्रामोद्योगों का पुनर्जीवन संभव है और न इनसे ग्रामों में एकता और संगठन ही पैदा हो सकता है। पंजाब प्रान्त के भूतपूर्व ग्राम निर्माण के कमिश्नर एफ. एल. ग्रेनी ई. सी. एस. ने अपनी पुस्तक "श्रेष्ठ ग्राम" में एक स्थान पर अपना यह मत प्रकट किया है कि "पंजाब में पंचायतें अपने ग्रामों का प्रबन्ध करने में असफल रही हैं। इसका कारण है निरीक्षण का अभाव। और सत्य तो यह है कि जहाँ निरीक्षण की व्यवस्था थी, वहाँ स्वयं निरीक्षण-कर्ता ग्राम व्यवस्था के संबंध में जानकारी नहीं रखते थे और न पंचों के शिक्षण का ही प्रबंध किया गया। इसके अतिरिक्त पंचायत का उपयोग प्रधानत: एक न्याय-पंचायत के रुप में ही किया गया—एक शासन—प्रबंध—समिति के रुप में नहीं और पंचायतों की स्थापना छोटे और संघठित ग्रामों में न कर बड़े-बड़े ग्रामों में ही की गई, जहाँ पहले से ग्राम-वासियों में फूट और विघटन था।"

---

5. Simon Commission Report Vol. I p.305.

भारत-वर्ष में ग्राम-पंचायतें एक प्रकार से न्याय-पंचायतों के रूप में ही कार्य करती रही हैं। वे दीवानी व फौजदारी के मुकद्दमों के निर्णय करने में ही अपनी सार्थकता समझती हैं और ग्राम्य जनता में भी ऐसी ही भावना प्रचलित है। पंच अपने को 'अफसर' समझते हैं और ग्राम-वासियों को अपनी 'प्रजा'। इस प्रकार इन पंचायतों के प्रति न जनता में विश्वास है और न उत्साह ही। पंच प्रायः अयोग्य व्यक्ति ही होते हैं और विवादों में न्याय के स्थान में प्रतिशोध की भावना ही प्रबल होती है। जमींदार तथा महाजन ही प्रायः पंच, सरपंच होते हैं। जो किसानों तथा कर्जदार लोगों के मुकद्दमों में प्रायः पक्षपात ही करते हैं। पंचायती ग्रामों में एकता के स्थान में फूट और पार्टियाँ ही दीख पड़ती हैं।

3

ग्राम-पंचायतों का पुनर्संघठन

विश्व-वंद्य राष्ट्रपिता महात्मा गांधी ने देश को केवल स्वाधीनता के पथ-पर ही अग्रसर नहीं किया, प्रत्युत उन्होंने आजीवन अपने देशवासियों को मानव-जीवन के प्रत्येक क्षेत्र में सामाजिक, धार्मिक, आर्थिक, औद्योगिक, शैक्षिक, सांस्कृतिक,-आमूल और क्रान्तिकारी कार्यक्रम को स्वीकार कर देश की सर्वतोमुखी प्रगति करने के लिए मार्ग-दर्शन किया। गांधी जी ने देश को अपनी समास्याओं के हल करने के लिए जो मार्ग बतलाये हैं, उन पर यदि सद्‌भावना एवं उत्साह के साथ हम चलें तो सर्वोदय हो सकता है। उनकी कार्य-प्रणाली और विचार धारा में जनता-जनार्दन के हित एवं लोकसंग्रह की भावना इतनी ओतप्रोत थी कि वे सदैव सात लाख ग्रामों में रहने वाली ग्रामीण जनता के स्वराज्य पर जोर दिया करते थे। सन् १९३० में उन्होंने जो नमक-सत्याग्रह आरम्भ किया था उसके मूल में भी देश की गरीब जनता के कल्याण की भावना ही थी। वह नमक-कर को अनैतिक एवं पाप समझते थे। इसीलिए भारत में जब सन् १९४७ के मार्च में राष्ट्रीय सरकार का बजट प्रस्तुत किया गया तो नमक-कर उठा दिया गया। नमक-सत्याग्रह का अन्त १९३४ में हुआ। कांग्रेस में दो पक्ष खड़े हो गए; एक पक्ष सन् १९३५ के शासन-विधान को तोड़ने के लिए प्रान्तीय धारा सभाओं में जाना चाहता था। महात्मा

गांधी अपनी प्रतिज्ञानुसार साबरमती सत्याग्रह आश्रम को वापस नहीं गये। वे वर्धा में जाकर रहने लगे; बाद में 'सेवाग्राम' में उन्होंने अपना आश्रम बनाया। यहाँ एक छोटे-से ग्राम में, कच्ची मिट्टी की बनी कुटिया में, सामान्य ग्राम-वासी की भांति उन्होंने अपना जीवन बिताना आरम्भ किया।

अपने जीवन-काल में गांधी जी सदैव 'ग्रामों की ओर जाओ' का उपदेश करते रहे। सन् १९३४ में उन्होंने इस उपदेश को अपने जीवन में चरितार्थ कर दिखलाया।

गांधी-योजना

बस उसी समय से देश भर में ग्राम्य-वातावरण पैदा हो गया। महात्मा जी ने ग्रामों में प्राचीन संस्कृति एवं कला-कौशल्य और शिल्प के पुनर्जीबन के लिए अखिल भारत-वर्षीय ग्रामोद्योग संघ की स्थापना की। उसी समय से केन्द्रीय तथा प्रान्तीय सरकारें ग्राम-सुधार [Rural Development] के कार्यक्रम को लेकर काम कर रही हैं।

महात्मा गांधी ग्रामों को किस रूप में देखना चाहते थे, यह उनके एक लेख के निम्नलिखित अवतरण से स्पष्ट हो जायेगा:-

"स्वाधीनता का आरम्भ नीचे से होना चाहिए। इस प्रकार प्रत्येक ग्राम एक रिपब्लिक या प्रजातंत्र अथवा पंचायत के रूप में होगा जिसे पूर्ण अधिकार होंगे। इसका अर्थ यह हुआ कि प्रत्येक गाँव स्वाश्रयी तथा अपना प्रबन्ध आप करने के योग्य हो और यहाँ तक कि वह अखिल संसार के विरुद्ध भी अपनी रक्षा करने में सशक्त हो। उसे आत्मरक्षा की शिक्षा दी जायेगी और वह इस कार्य में बाहरी आक्रमण से रक्षा के लिए तत्पर रहेगा। इस प्रकार व्यक्ति ही ग्राम की इकाई है। इसका यह मतलब नहीं कि वह पड़ोसियों या संसार के दूसरे देशों से सहायता न ले। वह स्वतंत्र रहेगा। इस प्रकार का समाज अत्यन्त सांस्कृतिक होगा, जिसमें प्रत्येक स्त्री-पुरुष अपनी मांग या आवश्यकता को समझता है। यही नहीं, वह यह जानता या जानती है कि किसी

को ऐसी वस्तु की आकांक्षा न करनी चाहिए जिसे दूसरे उतने ही परिश्रम से नहीं प्राप्त कर सकते। इस प्रकार का सामाजिक संघठन अहिंसा और सत्य के आधार पर ही होना चाहिए, जो मेरी राय में, ईश्वर में विश्वास के बिना संभव नहीं।......

"इस संघठन में प्रत्येक धर्म को पूर्ण एवं समान स्थान होगा। हम सब एक ही महान वृक्ष की पत्तियाँ हैं, जो उखाड़ा नहीं जा सकता क्योंकि उसकी जड़ें पृथ्वी में बड़ी गहरी हैं। झंझावात का प्रचण्ड वेग भी उसका विनाश नहीं कर सकता।

"इस संघठन में उन यंत्रों के लिए कोई स्थान नहीं होगा, जो मानव-श्रम का स्थान ग्रहण करेंगे और जिससे सत्ता थोड़े से व्यक्तियों के हाथ में चली जायेगी। सांस्कृतिक मानव परिवार में श्रम का अपूर्व स्थान है। प्रत्येक यंत्र [मशीन] जो प्रत्येक व्यक्ति को सहायता देती है उसका समाज में स्थान है।"

आगे ग्राम स्वराज्य की मीमांसा करते हुए राष्ट्रपिता गांधीजी लिखते हैं:-

ग्राम-स्वराज्य का भाव यह है कि वह अपनी समस्त आवश्यकताओं के लिए अपने पड़ोसियों से स्वतंत्र एक पूर्ण प्रजातंत्र है-प्रजाराज्य है। परन्तु दूसरे अन्य मामलों में वह पराश्रित भी है, जहाँ इस प्रकार का परावलम्बन आवश्यक है। इस प्रकार प्रत्येक ग्राम का पहला काम होगा अपने लिए अन्न, कपास और वस्त्र का उत्पादन। उसे अपने मवेशियों के लिये चारा सुरक्षित रखना चाहिए; वयस्कों तथा बालकों के लिए खेल-कूद तथा मनोरंजन के लिए मैदान आदि भी। यदि इतनी व्यवस्था के बाद भी भूमि बची रहे, तो अन्य व्यापारिक फसलें पैदा की जायें; परन्तु गांजा, तंबाकू, और अफीम आदि पैदा न की जाये। गाँव में एक ग्राम्य-रंगशाला, पाठशाला और सार्वजनिक पंचायत-भवन भी होंगे। वह अपने लिए पीने के स्वच्छ जल की व्यवस्था करेगा।... शिक्षा बेसिक तक अनिवार्य होगी। जहाँ तक

संभव होगा प्रत्येक कार्य सहकारी आधार पर किया जायेगा। उसमें कोई जातपात, जैसी कि आज प्रचलित है, तथा अस्पृश्यता भी नहीं होगी।

"ग्राम-पंचायत के पीछे अहिंसा, सत्याग्रह और असहयोग की शक्ति होगी। ग्राम रक्षकों की सेवा अनिवार्य होगी। ग्राम के रजिस्टर में दर्ज नामावली में से क्रमवार प्रत्येक को ग्राम रक्षक का कार्य करना होगा।

"ग्राम का शासन-प्रबंध पाँच व्यक्तियों की एक पंचायत द्वारा किया जायेगा जिनका प्रतिवर्ष वयस्क ग्रामीण स्त्री-पुरुषों द्वारा चुनाव किया जायेगा। उनके लिए नियत योग्यता भी निर्धारित होगी। इन्हें समस्त आधिकार प्राप्त होंगे। जिस भाव में दण्ड को माना जाता है, उस भाव में दण्ड की व्यवस्था नहीं होगी; परन्तु पंचायत को नियमादि की रचना (Legislative) न्याय-प्रबंध (Judiciary) और शासन-प्रबंध (Executive), तीनों प्रकार के अधिकार होंगे।"[1]

महात्मा गांधी की यह ग्राम–स्वराज्य की कल्पना है। वह इस कल्पना को स्वाधीन भारत में मूर्त रुप देने के लिए जीवित नहीं रह सके। यह वास्तव में हम भारतवासियों का दुर्भाग्य ही है। उनके हृदय में ग्रामीण जनता के लिए कितना प्रेम था, यह उनके उस विधान से स्पष्ट है, जो उन्होंने अपने बलिदान से एक दिन पूर्व ही कांग्रेस के भावी संघठन के लिए तैयार किया था।

इसमें तनिक भी सन्देह नहीं कि गांधीजी ने ग्राम स्वराज्य की जो रूपरेखा प्रस्तुत की है, वह आदर्श ही नहीं प्रस्तुत व्यावहारिक भी है। यदि भारत की प्रांतीय सरकारें गांधीजी की इस रूपरेखा के आधार पर ग्राम पंचायतों का पुनर्निर्माण करें, तो वास्तव में ग्रामों का वास्तविक सुधार हो सकेगा।

डॉ. कैलाश नाथ काटजू की योजना

गत १५ अगस्त १९४७ के बाद उड़ीसा प्रान्त के गर्वनर के पद पर

1. M. K. Gandhi: Every Village A Republic; Harijan. 26th July 1946.

नियुक्त होने के पूर्व माननीय डॉ. कैलाश नाथ काटजू संयुक्त प्रान्त के मंत्री मण्डल में ग्राम-सुधार के मंत्री थे। इस पद पर रहकर उन्होंने प्रान्त में ग्राम-सुधार के लिए एक योजना तैयार की थी।

संक्षेप में माननीय डॉ. काटजू की योजना इस प्रकार है:-

ग्राम-स्वराज्य की दो विशेषताएँ होंगी। पहली यह कि ग्राम संस्था का सदस्य प्रत्येक ग्रामवासी हो सकेगा और दूसरी यह कि इसे सम्पूर्ण ग्राम के सामुहिक हितों की रक्षा करनी होगी। जिन ग्रामों की जनसंख्या १२०० या १५०० से अधिक नहीं, उनमें बहु उद्देश्य वाली सहकारी समितियाँ (Multi-purpose Co-operative Societies) स्थापित की जायेंगी। इस सहकारी-संस्था में प्रत्येक परिवार को अपना एक प्रतिनिधि भेजने का अधिकार होगा। बड़े परिवार दो प्रतिनिधि भेज सकेंगे। एक ग्राम-संस्था में २०० से २५० तक सदस्य होंगे। इस सहकारी संस्था के अपने नियम-उपनियम होंगें। संस्था को यह भी अधिकार होगा कि वह जुर्माना करके, बहिष्कार करके या अन्य किसी उपाय से अपने सदस्यों से नियमों का पालन कराये।

यह ग्राम-संस्था ग्राम में हर प्रकार के ग्रामोपयोगी कार्य करेगी। उसमें अनेक विभाग होंगे; जैसे कृषि-विभाग, बिक्री-विभाग, ग्रामोद्योग विभाग, स्वास्थ्य-सफाई-विभाग, शिक्षा विभाग, सांस्कृतिक व मनोरंजन विभाग। संस्था की बैठक महीने में एक या दो बार होगी।

इस संस्था के निर्णयों का पालन करने के लिए एक कार्यकारिणी सभा भी होगी। इसे 'पंचायत' कहा जायेगा। इसका चुनाव प्रतिवर्ष होगा, इसमें अधिक सदस्य नहीं होंगे; परन्तु व्यवस्था ऐसी की जायेगी कि इसमें हर वर्ग व जाति के प्रतिनिधि भाग ले सकें। यह पंचायत संस्था के प्रति उत्तरदायी होगी। पंचायत का अपना अलग कोष न होगा और न वह कोई नीति ही निर्धारित करेगी। यह सब कार्य संस्था करेगी।

संस्था के कोष के लिए प्रत्येक ग्रामीण को नियत चंदा देना होगा। आठ आना प्रति वर्ष सब लोगों को देना होगा। दलित वर्ग के लोगों को

चार आना। इसके अतिरिक्त प्रत्येक सदस्य को अपनी स्थिति के अनुसार चंदा देना होगा। जिला बोर्डों व सरकार से भी संस्था को सहायता मिलेगी।

ऐसी २५-३० संस्थाओं का एक संघ होगा। हर एक संस्था को संघ के पास प्रतिमास नियत चंदा भेजना होगा, जो एक या दो रुपया प्रतिमास होगा। प्रत्येक संस्था संघ में अपना एक प्रतिनिधि भेजेगी। एक निरीक्षक ऐसे संघ का मंत्री होगा। यह निरीक्षक संघ के अन्तर्गत संस्थाओं की देखभाल करेगा। प्रत्येक जिले में एक सहकारी संघ (co-operative federation) होगा जिसमें उसके अन्तर्गत प्रत्येक संघ का एक प्रतिनिधि होगा।

प्रत्येक ग्राम-संस्था का एक मंत्री होगा, जो वैतनिक या अवैतनिक भी होगा। पटवारी सयुंक्त मंत्री का काम करेंगे।

ग्रामों में मुकद्दमे बाजी को बंद करना संस्था का मुख्य कर्तव्य होगा। संस्था को समझौता 'राजीनामा' कराने का प्रयत्न करना चाहिए। ग्रामों में छोटी-छोटी न्याय पंचायतें स्थापित करनी चाहिए।

संक्षेप में यही डॉ. काटजू की योजना है। इसमें और गांधी-योजना में कोई मौलिक भेद नहीं है।

सयुंक्त प्रान्त की योजना

संयुक्त प्रान्त की कांग्रेस सरकार के प्रयत्न से प्रान्तीय धारासभा ने सन् १९४७ में संयुक्त प्रान्तीय पंचायत राज कानून स्वीकार किया और २७ दिसंबर १९४७ से यह प्रान्त में लागू है। इस विधान के अनुसार ग्राम-सभा में सभी प्रौढ़ सदस्य हो सकेंगे। वह आजीवन ग्राम-सभा के सदस्य रहेंगे। ग्राम-सभा की साल भर में दो बैठकें होंगी। ग्राम-सभा अपनी कार्य कारिणी का चुनाव करेंगी। यह गाँव-पंचायत कहलाएगी। इसमें ३० से ५१ तक सदस्य होंगे। ग्राम-सभा के एक सभापति और एक उप-सभापति भी होंगे।

प्रत्येक ग्राम-पंचायत के निम्न लिखित कार्य होंगे:-

(१) जन-मार्ग-निर्माण, उनकी मरम्मत, सफाई व रोशनी।

(२) चिकित्सा-संबंधी सहायता।

(३) सफाई के लिए और संक्रामक रोगों के दूर करने और उनको फैलने से रोकने के लिए चिकित्सा-संबंधी और रोकथाम के उपाय काम में लाना।

(४) ग्राम-सभा की सम्पत्ति की रक्षा।

(५) जन्म, मृत्यु, विवाह के ब्योरे रजिस्टर में रखना।

(६) जन-मार्ग, सार्वजनिक स्थानों, एवं ग्राम-सभा की सम्मति से अनाधिकारी को हटाना।

(७) श्मशान घाटों की व्यवस्था।

(८) मेलों का प्रबंध।

(९) प्राईमरी स्कूल खोलना व कायम रखना।

(१०) गोचर-भूमि की रक्षा व व्यवस्था।

(११) जल की व्यवस्था।

(१२) नई इमारतें बनाने के संबंध में नियम।

(१३) खेती-बाड़ी, व्यापार और उद्योगधंधों की उन्नति में सहायता करना।

(१४) न्याय-पंचायतों की व्यवस्था।

(१५) पशु-गणना और जन-गणना।

(१६) सूतिका और शिशु हित का साधन।

(१७) खाद इकट्ठा करने के लिए स्थान नियत करना।

(१८) अन्य कार्य जो उसे सौंपे गये हों।

उपर्युक्त कार्य प्रत्येक ग्राम-पंचायत के लिए अनिवार्य हैं। इनके अतिरिक्त ग्राम-पंचायत अपने अधिकार-क्षेत्र में निम्नलिखित कार्य भी कर सकेगी:-

(१) जन-मार्ग के दोनों ओर पेड़ लगाना तथा उनकी रक्षा।

(२) मवेशियों की नस्ल सुधारना व उनकी चिकित्सा।

(३) भूमि को समतल कराना।

(४) ग्राम की रक्षा के लिए ग्राम-स्वयं-सेवक दल का संगठन।

(५) सरकारी ऋण प्राप्त करने, उन्हें आपस में वितरण करने, उनके चुकाने आदि के संबंध में किसानों की सहायता करना।

(६) सहयोग-संबंधी कामों की उन्नति और उन्नत बीजों और औजारों के गोदाम स्थापित करना।

(७) दुर्भिक्ष या दूसरी विपत्तियों के समय सहायता।

(८) आबादी के क्षेत्र को बढ़ाना।

(९) पुस्तकालय एवं वाचनालय स्थापित करना।

(१०) मनोविनोद के लिए अखाड़े आदि खोलना।

(११) खाद और वुहारन जमा करने व हटाने के लिए नियम।

(१२) आबादी के २२० गज के भीतर चमड़े को साफ करने और रंगने की मनाई करना या उसके संबंध में नियम बनाना।

(१३) विविध जातियों में सद्भाव और सामाजिक एकता बढ़ाने के लिए संस्थाएँ स्थापित करना।

(१४) सार्वजनिक रेडियो-सेट व ग्रामोफोन का प्रबंध।

(१५) सार्वजनिक उपयोगिता का कोई ऐसा कार्य करना, जिससे गाँव की जनता की भौतिक व नैतिक उन्नति हो।

ग्राम–पंचायतों के कार्यों की उपर्युक्त सूची से यह सर्वथा स्पष्ट है कि पंचायतों की अधिकार-सीमा में पर्याप्त विस्तार हो गया है। यदि इस नये पंचायत विधान का सद्भावना और लोकहित की दृष्टि से प्रयोग किया गया, तो वास्तव में ग्रामों में सच्चा स्वराज्य स्थापित हो सकेगा।

ग्राम-पंचायतें कृषि, व्यापार और उद्योग धंधों में उन्नति करने के कार्य क्रम में सहायता दे सकती है। यह उनका अनिवार्य कर्तव्य है। लेकिन सहयोग-संबंधी कामों की उन्नति के लिए व्यवस्था करना उनका

ऐच्छिक कार्य है। ऐसा करके उचित ही किया गया है। क्योंकि प्रत्येक ग्राम-पंचायत सहयोग-संबंधी कार्य की उचित व्यवस्था नहीं कर सकती।।

ग्राम-स्वराज्य की सफलता दो मुख्य स्थितियों पर निर्भर है। प्रथम तो यह कि पंचायत-सभा में जो व्यक्ति चुने जाएँ, वे शिक्षित, सुयोग्य, सदाचारी और लोक संग्रही मनोवृत्ति के हों उनमें जातिगत या साम्प्रदायिक भावना न हो। वे सब की भलाई के लिए प्रयत्नवान् हों। दूसरी बात यह है कि पंचायत सभा की रचना एवं उसका कार्य इस ढंग से संपादन किया जाना चाहिए कि वह ग्राम संघठन को नष्ट न करे। पंचायत का कार्य तो ग्राम के सभी लोगों में एकता और संघठन की अभिवृद्धि करना होना चाहिए।

इस योजना में-संयुक्त प्रान्तीय पंचायत राज-विधान में यदि एक अध्याय में ग्रामवासी के कर्तव्यों और अधिकारों पर भी प्रकाश डाल दिया जाता, तो इससे बड़ा लाभ यह होता कि ग्रामवासी यह अनुभव करने लगता कि पंचायत उसकी नागरिक स्वाधीनता की रक्षा करेगी, उसका विनाश नहीं।

इस विधान में एक त्रुटि यह भी है कि कृषि-मजदूरों (Agricultral labour) के हित व कल्याण के संबंध में कुछ भी उल्लेख नहीं किया गया है। शिशु-मंगल की व्यवस्था पंचायत के हाथ में दे दी गई है; लेकिन श्रमजीवियों के प्रश्न के संबंध में यह विधान मौन है। ग्राम-पंचायतों का इस प्रश्न से सीधा संबंध है। अतः इस प्रश्न पर भी विधान में विचार होना आवश्यक है।

ग्रामों में दलित जातियों तथा पिछड़ी जातियों की दशा अत्यन्त शोचनीय है। ग्रामों में आज भी अस्पृश्यता भयंकर रूप में व्यापक है। इसलिए इस कारण द्वारा इन जातियों की रक्षा के लिए विशेष व्यवस्था होनी चाहिए। ग्रामों में रहनेवाली दलित जातियों के लोगों पर जमींदारों तथा उच्च जातीय हिन्दुओं द्वारा अत्याचार किये जाते हैं-बेगार ली जाती है और यहाँ तक कि बेगार न देने पर इन लोगों की नृशंसतापूर्वक हत्या

कर दी जाती है। अत्याचारों का अन्त यहाँ ही नहीं हो पाता, प्रत्युत इन जातियों के लोगों को प्राय: गाँव से निकाल दिया जाता है, मानों इन्हें ग्रामों में रहने का अधिकार न हो।

4

मताधिकार और निर्वाचन

मताधिकार

ग्राम की जनता को लोकतंत्र की शिक्षा देने तथा शासन सत्ता में प्रत्यक्ष भाग लेने का सुयोग देने के उद्देश्य से यह अत्यन्त आवश्यक है कि ग्राम सभाओं में प्रत्येक प्रौढ़ स्त्री-पुरुष को भाग लेने का अधिकार हो। जब भारत की विधान परिषद (ConstittuentAssembly) ने वयस्क मताधिकार के सिद्धांत को स्वीकार कर लिया है, तब ग्राम-सभाओं के लिए व्यस्क मताधिकार को स्वीकार करने में कोई आपत्ति नहीं हो सकती।

संयुक्त प्रान्तीय ग्राम-पंचायत विधान ने उन सब प्रौढ़ व्यक्तिओं को ग्राम-सभा का सदस्य स्वीकार किया है जो ग्राम-सभा-क्षेत्र के स्थायी निवासी हो। परन्तु निम्न श्रेणी का कोई व्यक्ति सदस्य नहीं रह सकेगा:-

(१) जिसका दिमाग ठीक न हो, या

(२) जिसे कोढ़ हो, या

(३) जिसे दिवालियेपन से बरी न किया गया हो, या

(४) जो सरकारी कर्मचारी हो, या

(५) जो स्थानीय स्वराज्य संस्था (चुंगी या जिला बोर्ड) का कर्मचारी हो, या

(६) जो ग्राम-सभा के क्षेत्र या उसके विभाग में कर्मचारी हो, या

(७) जो आनरेरी मजिस्ट्रेट, आनरेरी मुंसिफ या आनरेरी असिस्टेंट कलैक्टर हो, या

(८) उसे चुनाव-संबंधी किसी अपराध के लिए दण्ड मिल चुका हो, या

(९) उसे नैतिक अध:पतन से संबंधित किसी अपराध में अपराधी ठहराया जा चुका हो अथवा दण्ड-विधि-संग्रह (Criminal procedure code) की धारा ११० के आधीन अच्छे चालचलन के लिए जमानत जमा करने की आज्ञा दी गई हो।

परन्तु (३), (८) तथा (९) के आधीन अयोग्यता के प्रतिबंध प्रान्तीय सरकार या उसके द्वारा नियत अधिकारी द्वारा हटाये जा सकते हैं।

निर्वाचन

ग्राम में स्थायी रहने वाले प्रत्येक प्रौढ़ स्त्री-पुरुष को जिसकी आयु २१ वर्ष हो, ग्राम-सभा का सदस्य बनने का अधिकार है। यह ग्राम-सभा एक 'पंचायत' का चुनाव करेगी जिसमें ३० से ५१ तक सदस्य होंगे। अब प्रश्न यह है कि यह निर्वाचन किस पद्धति के अनुसार होने चाहिए। यह एक महत्वपूर्ण प्रश्न है।

३ जून १९४७ की लार्ड. माउन्टनबेटन की भारत-विभाजन योजना के अनुसार भारत दो भागों में विभाजित हो गया। सिंध, बिलोचिस्तान, सीमाप्रान्त, पश्चिमी पंजाब, पूर्वी बंगाल और आसाम के सिलहट जिले को मिलाकर पाकिस्तान राज्य कायम, किया गया; शेषभाग 'भारतीय संघ' में सम्मिलित हैं। १५ अगस्त १९४७ को भारत में दो उपनिवेश भारतीय संघ तथा 'पाकिस्तान डोमानियन' कायम हो गए। इसके बाद २७ अगस्त १९४७ को भारतीय-विधान-परिषद् में अल्प-मत सलाहकार

समिति के अध्यक्ष सरदार वल्लभ भाई पटेल ने समिति की रिपोर्ट परिषद् के समक्ष प्रस्तुत की। इस रिपोर्ट में धारा-सभाओं में निर्वाचन के लिए सयुंक्त निर्वाचन प्रणाली को स्वीकार किया गया है। अल्पसंख्यक जातियों, मुसलमान, दलित जातियाँ (Scheduled Castes) एंगलों इंडियन, पारसी, कबीलों, भारतीय ईसाई, तथा सिक्खों के लिए धारा सभाओं में स्थान सुरक्षित रखे जाने की व्यवस्था की सिफारिश की गई है।

इस प्रकार स्वाधीन भारत में साम्प्रदायिक निर्वाचन प्रणाली को कोई स्थान नहीं होगा।

गत ३० जनवरी १९४८ को बिरला भवन नई देहली में विश्व-बंद्य राष्ट्रपिता महात्मा गांधी के अनुपम बलिदान के बाद तो भारत की स्थिति में आश्चर्यजनक परिवर्तन हो गया। भारत की केंद्रीय सरकार ने अखिल भारतीय राष्ट्रीय स्वयं सेवक संघ तथा मुस्लिम नेशनल गार्ड को गैर कानूनी घोषित करके भारत को साम्प्रदायिकता के विषैले प्रभाव से मुक्त करने के लिए जो कदम उठाया, उससे भारत में एक नूतन वातावरण उत्पन्न हो गया है।

अखिल भारतवर्षीय हिन्दू महा सभा ने यह निश्चय कर लिया है कि हिन्दू महासभा राजनीति में भाग नहीं लेगी। मद्रास में भारतीय संघ-मुस्लिम लीग की हाल में जो बैठक हुई है, उसमें यद्यपि यह निश्चय नहीं किया गया है कि मुसलिम लीग राजनीतिक कार्यों में भाग नहीं लेगी, तथापि प्रस्ताव में यह स्वीकार किया गया है कि वह आर्थिक, सामाजिक एवं सांस्कृतिक तथा धार्मिक कार्यक्रम में प्रमुख भाग लेगी।

इस प्रकार जो कार्य वर्षों से प्रचार, उपदेश तथा सभा-सम्मेलनों के प्रस्तावों द्वारा पूरा न हो सका, वह महात्मा जी के बलिदान ने पूरा कर दिया। भारत के राष्ट्रीय-जीवन से साम्प्रदायिकता का विनाश वास्तव में अभिनंदनीय ही नहीं, प्रत्युत भारत के राष्ट्रीय जीवन के स्वास्थ्य-प्रद विकास के लिए परम आवश्यक है।

ऐसी स्थिति में भारतीय शासन विधान के आधार पर ग्राम-पंचायतों का संघठन भी संयुक्त निर्वाचन प्रणाली के आधार पर ही होना उचित एवं उपयोगी होगा। – यह अत्यन्त हर्ष की बात है कि संयुक्त प्रान्त की सरकार ने पंचायत राज विधान १९४७ में निर्वाचन का आधार संयुक्त चुनाव प्रणाली को स्वीकार किया है।

पंचायत में अल्प-संख्यक तथा बहु-संख्यक जातियों के सदस्यों का निर्वाचन ग्राम सभा की सीमा के अन्तर्गत उनकी जनसंख्या के अनुपात से होगा। परन्तु परिगणित जातियों या दलित जातियों (Scheduled Castes) के लिए यह नियम रखा गया है कि ग्राम-पंचायतों के लिए जो प्रथम निर्वाचन होगा, उसमें तो उनके सदस्य उनकी ग्राम में रहने वाली जनसंख्या के अनुपात से चुने जायेंगे। परन्तु बाद के निर्वाचनों में उनके प्रतिनिधियों की संख्या प्रान्तीय धारा सभा द्वारा नियत की जायेगी। हमारी सम्मति में परिगणित जातियों के ग्रामों में उनके 'हितों' की रक्षा के लिए यह अत्यन्त आवश्यक है कि उनके प्रतिनिधि उनकी जनसंख्या के अनुपात से ही भविष्य के चुनावों में चुने जाएँ। यदि उनके प्रतिनिधित्व में कमी कर दी गई, तो इससे उनमें न पंचायत के प्रति श्रद्धा रहेगी और न वे अपने अधिकारों का सुरक्षित रूप में भोग ही कर सकेंगे। परिगणित जातियों के लोगों की जनसंख्या समस्त ग्रामों में बिखरी हुई हैं; वे कुछ विशेष भागों में केन्द्रीभूत नहीं है। ऐसी स्थिति में उनके अधिकारों की रक्षा का प्रश्न और भी महत्वपूर्ण हो जाता है।

निर्वाचन गुप्त बैलट पत्रक द्वारा होना चाहिए। इस के लिए यह उचित होगा कि प्रत्येक उम्मीदवार के लिए एक चित्रमय बैलट बक्स (Pictorial Ballat Box) निर्वाचन केन्द्र पर रखा जाए। यह प्रणाली रंगीन-बक्स प्रणाली की अपेक्षा अधिक उपयुक्त और आसान होगी।

5

पंचायत का राजस्व

ग्राम-पंचायतों के पुनर्संगठन के फलस्वरूप जो नयी पंचायतें स्थापित होंगी, उनका कार्य-क्षेत्र विशाल और महान होगा; ग्राम-पंचायतों को ग्रामों के स्वायत्त शासन के पूर्ण अधिकार होंगे। कृषि, ग्रामोद्योग, स्वास्थ्य सफाई, शिक्षा, जल, जन-मार्ग, मनोरंजन आदि की व्यवस्था उनके हाथ में होगी। इसके अतिरिक्त न्याय-प्रबंध भी उनके आधीन होगा। इस प्रबंध के लिए प्रान्तीय सरकार तथा जिला बोर्ड से सहायता मिलेगी; परन्तु इन कामों में जितना व्यय होगा उसे पूरा करना इस सहायता के आधार पर संभव नहीं होगा।

अतः ग्राम-पंचायतों का अपना कोष होना चाहिए, जिससे वे अपने समस्त कार्यों को पूरा कर सकें।

ग्राम-पंचायतों की आय के साधन भी होने चाहिए और उन्हें कर लगाने का भी अधिकार होना चाहिए।

आय के साधन

ग्राम-पंचायतों की आय के लिए निम्न प्रकार की रकमें ग्राम-कोष में जमा की जायेंगी:–

(१) पंचायत–विधान के आधीन कर से प्राप्त धन।

(२) प्रान्तीय सरकार द्वारा ग्राम सभा को सौंपी हुई रकम।

(३) पिछली ग्राम-पंचायत-कोष का शेष धन।

(४) वे सब रकमें जो अदालत की आय से पंचायत कोष में जमा हों।

(५) ऐसी कुल रकमें जो न्याय पंचायत को मुकद्दमे के राजीनामे के रूप में प्राप्त हुई हों।

(६) ग्राम पंचायत के कर्मकारियों द्वारा एकत्रित कूड़ा-कचरा, घर, गोबर, और मृत पशु की लाशें बेचने से जो आमदनी हो।

(७) नजल की भूमि का लगान।

(८) जिला बोर्ड आदि द्वारा प्राप्त सहायता।

(९) ऋण या दान।

(१०) ऐसी दूसरी रकमें, जो प्रान्तीय सरकार की किसी सामान्य या विशेष आज्ञा द्वारा ग्राम-कोष को दे दी जाएँ।

(११) ग्राम पंचायत जो रकमें प्रान्तीय सरकार या मालिकों की ओर से प्राप्त करेगी, उन्हें भी ग्राम-कोष में जमा करेगी।

ग्राम-पंचायत के कर

ग्राम-पंचायत को सरकारी सहायता, जिला बोर्ड की सहायता तथा न्याय-पंचायत की जुर्मानों से ही विशेष आमदनी होगी। इसके अतिरिक्त उसे निम्न प्रकार के कर (टैक्स) लगाने का भी अधिकार होगा:-

(१) बाजारों तथा मेलों के संबंध में लगाये गए टैक्स।

(२) एक आना फ़ी रुपया लगान पर टैक्स काश्तकारों से वसूल किया जायेगा।

(३) अधिक से अधिक ६ पाई फ़ी रुपया माल गुजारी पर जमींदारों से वसूल करेगी।

(४) व्यापार, कारबार और पेशों पर टैक्स।

(५) ऐसी इमारतों के स्वामियों पर टैक्स जो ऊपर दिये हुए कोई भी टैक्स अदा न करते हों।

सन् १९३८ में संयुक्त प्रान्तीय सरकार ने संयुक्त प्रान्तीय स्थानीय स्वायत्त-शासन-समिति, स्थानीय शासन-संस्थाओं एवं ग्राम-सभाओं के संघटन के संबंध में रिपोर्ट तैयार करने के लिए नियुक्त की थी। इस समिति ने ग्राम पंचायतों की आमदनी का जो अनुमान-पत्र तैयार किया था, वह निम्न प्रकार है:–

क्रम संख्या	मद	धन (रूपयों में)
१.	काश्तकारों का लगान (छूट की कमी के बाद)	१५,०५,७२९४९
२.	काश्तकारों के लगान पर कर	७५,२८,६४७
३.	ज़मीदारों द्वारा सरकार को अदा की जाने वाली मालगुजारी	६,०१,९६४७५
४.	ज़मीदारों को मालगुजारी से प्राप्त मूल आमदनी	९,०४,०६,४७१
५.	ज़मीदारों की मूल आमदनी पर टैक्स	
६.	प्रान्तीय सरकार द्वारा ग्राम-पंचायतों को सहायता	३०,०८,३२३
७.	जिला बोर्डों द्वारा प्राप्त सहायता	१८,७१,१३३

संयुक्त प्रान्त में कुल ग्राम-पंचायतें ३०,००० होगी और १२०० टाउन एरिया कमेटियाँ होंगी। समस्त ग्राम पंचायतों की कुल आमदनी इस प्रकार (') के चिन्ह वाली मदों का जोड़ १,७७,७५,९८९ रुपये होगा। इसे ३१, २०० संस्थाओं में विभाजित करने पर प्रत्येक के हिस्से में ५७० रुपये सालाना आयेंगे। इस आमदनी के अतिरिक्त ग्राम-पंचायतों को व्यापार, धन्धों व पेशों पर टैक्स, मेलों पर टैक्स, न्याय-पंचायतों द्वारा जुर्माने से

प्राप्त रकम आदि से भी धन प्राप्त होगा। इस प्रकार २०० से १०० तक इन मद्दों से भी आमदनी हो जायगी। ग्राम-पंचायत की औसत आय ४००) रु. से ८००) रुपये सालाना तक होगी। परन्तु ग्राम-पंचायत को जो कार्य सौंपे गए है, उनका ठीक-ठीक प्रकार से संचालन इतनी कम रकम से कठिनाई से ही-हो सकेगा।

हाँ, यदि ग्राम-पंचायतें जन-सेवा की दृष्टि से सहयोग-पूर्वक कार्य करें और प्रत्येक सदस्य स्वेच्छा पूर्वक ग्राम-सभा के लिए शारीरिक या मानसिक सेवा करना स्वीकार करे तो ऐसा होना संभव है।

संयुक्त प्रान्तीय सरकार ने ज़मींदारों की मालगुजारी पर अधिक से अधिक ६ पाई प्रति रुपया टैक्स लगाया है और काश्तकारों के लगान पर एक आना प्रति रुपये पर टैक्स लगाया है। इस प्रकार का भेद क्यों रखा गया, यह रागझ में नहीं आता। यू. पी. के काश्तकार प्रति वर्ष १५ करोड़ रूपये से भी अधिक लगान देते हैं। इसमें से ९ करोड़ रुपया ज़मींदारों की जेबों में जाता है और ६। करोड़ रुपया सरकारी खजाने में।

अब यू. पी. पंचायत राज-विधान १९४७ के अनुसार काश्तकारों को टैक्स के रूप में ९४,१०,८०९ रूपये ग्राम-पंचायतों के कोष में देने पड़ेंगे; लेकिन जमींदारों को केवल १८,८१,१३९ रुपये ग्राम-पंचायतों को देने होंगे। परन्तु समाज में आज के पूंजीवादी समाज में ग्रामों में जमींदारों को ही प्रभुता है। ऐसी दशा में यह किसानों के प्रति बहुत ही महंगा न्याय होगा।

6

न्याय–पंचायत

न्याय–पंचायत का ग्राम–संघटन में एक महत्वपूर्ण स्थान होगा। आज हम ग्रामों में सुख–समृद्धि, ज्ञान, प्रेम, संघठन, और बंधुत्व के स्थान पर नग्न दारिद्रय, गरीबी, बेकारी, भयानक रोगों, अज्ञान तथा फूट का ही साम्राज्य देखते हैं। कुछेक बड़े ज़मींदारों तथा बड़े काश्तकारों को छोड़कर अधिकांश लोग नितान्त गरीब हैं। कृषि–मजदूरों की संख्या तो और भी अधिक है। आज हमारे ग्राम–वासी मालगुजारी, खेती तथा लेनदेन संबंधी मुकद्दमों का उलझन में इतनी बुरी तरह ग्रस्त हैं कि उन पर दया आती है। हमारे नगरों में, अदालतों में, जितने मुकद्दमे इन गरीब ग्रामीणों के आते हैं, उतने नगर के लोकों के नहीं आते।

ग्रामीण जनता इस भीषण मुकदमेबाजी के कारण बड़ी दुःखी है और उससे लाभ उठा रहे हैं मुकदमेबाज जमींदार, जमींदारों के कर्मचारी, वकील, बैरिस्टर, मुख्तार और अदालत के रिश्वतखोर कर्मचारी। हमारी राय में यदि इन ग्रामीणों के इस भारी शोषण का अन्त करना ही अभिप्राय है, तो प्रान्तीय सरकारों को ग्रामीणों के मुकद्दमों में समझौता करने के लिए 'पंचायती बोर्ड' (Arbitration Board) स्थापित करने चाहिए। वकीलों को इन बोर्डों में वकालत करने की आज्ञा न दी जाए। परन्तु जो पक्ष चाहे वह अपना सुयोग्य एवं शिक्षित प्रतिनिधि नियुक्त कर अपने पक्ष को बोर्ड के समक्ष रख सकता है।

ग्रामों में न्याय-पंचायतों को भी मजिस्ट्रेटों की अदालतों के समान कार्य नहीं करना चाहिए। न्याय-पंचायतों का मुख्य कार्य तो मामलों तथा विवादों का न्याय पूर्वक निपटारा करना अथवा समझौता कराने का प्रयत्न करना चाहिए। इसी में इनकी सार्थकता होगी और यह ग्रामीण भाईयों की एक बड़ी सेवा होगी।

ब्रिटिश शासन के अन्तर्गत जो ग्राम-पंचायतें स्थापित की गई थीं, उनके कारण तो ग्रामों में और भी पार्टी बन्दी और फूट बढ़ गई। पंचों तथा सरपंचों ने मनमाने ढंग से कार्य किया और पक्षपात के कारण जनता का इन पंचायतों पर से विश्वास उठ गया।

न्याय-पंचायतों का संघठन

संयुक्त प्रान्तीय पंचायत राज-विधान के अनुसार प्रत्येक जिले को कई क्षेत्रों में विभाजित किया जाएगा और प्रत्येक क्षेत्र के अन्तर्गत कई गाँव-सभाएँ होंगी। इन क्षेत्रों का निर्माण जिला मजिस्ट्रेट करेगा। प्रत्येक क्षेत्र की प्रत्येक ग्राम-सभा नियत योग्यता वाले पाँच, ऐसे प्रौढ़ पंच चुनेगी जो स्थायी रूप से उसके अधिकार-क्षेत्र के भीतर रहने वाले हो। न्याय-पंचायत के सब पंच एक सरपंच चुनेंगे। सरपंच ऐसा व्यक्ति होगा जो लिखने-पढ़ने की योग्यता रखता हो। प्रत्येक पंच का कार्यकाल ३ वर्ष के लिए रहेगा। पंच को पद-ग्रहण की शपथ भी लेनी होगी। शपथ इस प्रकार है:–

> "मैं (यहाँ पंच का नाम) शपथ लेता हूँ कि मैं सदैव स्थापित भारत के शासन के प्रति सत्यव्रत तथा पूर्ण निष्ठ रहूँगा और मैं सब प्रकार के लोगों के प्रति न्याय करूंगा। भय, पक्षपात, स्नेह अथवा दुष्कामना बिना, अदालती पंच के नाते, अपने कर्तव्यों का सच्चाई से पालन करूँगा। अत: ईश्वर मुझे सामर्थ्य दे।"

पंच अपने पद से त्यागपत्र भी दे सकेगा और पंच या सरपंच को नियत अधिकारी पद से अलग भी कर सकेगा। ऐसे अलग किए गए पंच का दुबारा ३ वर्ष तक चुनाव न हो सकेगा।

पंच-मण्डल की नियुक्ति

सरपंच प्रत्येक मुकद्दमे, नालिश या कारवाई के लिए पंच मंडल में से पाँच पंचों का एक बैंच नियुक्त करेगा। इनमें कम से कम एक पंच लिखने-पढ़ने की योग्यता रखने वाला होगा। बैंच के इन पाँच पंचों में एक-एक पंच उन दोनों ग्राम-सभाओं के क्षेत्रों से लिया जायेगा जिनमें वादी या प्रतिवादी रहते हैं।

कोई भी पंच या सरपंच ऐसे किसी मुकद्दमे में भाग नहीं लेगा जिसमें वह या उसका कोई निकट संबंधी, नौकर या मालिक संबंधित हो।

न्याय-पंचायतों के अधिकार

न्याय-पंचायतों की अधिकार-सीमा में किए गए अपराधों या अपराधों के प्रयत्नों की सुनवाई का अधिकार निम्नलिखित मामलों में होगा।

१. भारतीय-दण्ड-विधान (Indian Penal Code) के अन्तर्गत:—

(१) सैनिक, नौ-सैनिक तथा हवाई-सेना के सैनिक द्वारा प्रयोग की जाने वाली पोशाक-वर्दी-आदि का धारण करना। (धारा १४०)

(२) दो या अधिक व्यक्तियों द्वारा सार्वजनिक शान्ति-भंग (१६०)

(३) सम्मन तामील न हो—इस उद्देश्य से छिपना या अलग हो जाना। (१७२)

(४) सरकारी अफसर द्वारा उपस्थित होने के लिए दिये गए आदेश की उपेक्षा (१७४)

(५) सरकारी अफसर के प्रश्न का उत्तर देने से इनकार। (१७९)

(६) जलाशय तथा तालाब को गंदा करना।

(७) जन-मार्ग पर तेजी से तांगा, गाड़ी मोटर आदि चलाना। (२७९)

(८) जन-मार्ग या जल मार्ग में कोई बाधा उपस्थित कर देना। (२८३)

(९) अग्नि तथा अन्य आग्नेय द्रव्यों को सुरक्षित रूप में न रखना। (२८५)

(१०) विस्फोटक द्रव्यों के संबंध में गलत व्यवहार। (२८९)

(११) पशुओं को सुरक्षित रूप में न रखना। (२८६)

(१२) सार्वजनिक स्वास्थ्य-नाशक अपराध। (२९०)

(१३) सार्वजनिक स्थानों में अश्लील कार्य व गायन। (२९४)

(१४) सामान्य चोट पहुँचाना। (३२३)

(१५) उत्तेजना मिलने पर जानबूझ कर चोट पहुँचाना। (३६४)

(१६) ऐसा काम करना जिससे दूसरों का जीवन खतरे में पड़ जाए। (३३६)

(१७) किसी को अनुचित ढंग से रोकना। (३४१)

(१८) बलप्रयोग (use criminal force)। (३५२)

(१९) किसी व्यक्ति के शरीर से आभूषण या हाथ से किसी वस्तु की चोरी करते समय प्रहार। (३५६)

(२०) किसी व्यक्ति को अनुचित रूप से कैद करते समय उरा गर प्रहार। (५५७)

(२१) किसी व्यक्ति द्वारा उत्तेजित किये जाने पर बल-प्रयोग। (३५६)

(२२) बेगार। (३७४)

(२३) ५०) रुपये तक के मूल्य की वस्तु की चोरी। (३७९)

(२४) ५०) रुपये तक के मूल्य की वस्तु का गबन। (४०३)

(२५) ५०) रुपये तक के मूल्य की चोरी की वस्तु का प्राप्त करना। (४११)

(२६) किसी व्यक्ति या सर्वसाधारण अथवा समिति को हानि पहुँचाने के उद्देश्य से कार्य। (४२६)

(२७) १०) रुपये तक की कीमत के किसी जानवर को मार देना। (४२९)

(२८) आव पाशी के किसी भी साधन को हानि पहुँचाना। (४३०)
(२९) अनाधिकार प्रवेश। (४४७)
(३०) किसी के मकान में अपराध करने के लिए प्रवेश। (४४८)
(३१) शान्तिभंग करने के उद्देश्य से जानबूझकर अपमान। (५०४)
(३२) दबाव या धमाकी देना (५०६)
(३३) संकेत, शब्द या कार्य द्वारा स्त्री का अपमान। (५०९)
(३४) मदिरा पान कर सार्वजनिक स्थान में दुराचार। (५१०)

२, जानवरों के अनाधिकार प्रवेश एक्ट नं. १, सन् १८७१ की धारा २० से २४ तक।

३. संयुक्त प्रान्त के जिला बोर्डों के प्रारम्भिक शिक्षा-एक्ट नं. १ सन् १९२६ की धारा १० की उपधारा (१)

४. पंचायत-विधान या इसके आधीन बनाये गए किसी नियम के आधीन कोई अपराध।

५. सार्वजनिक रूप से जुआ-ऐक्ट नं. ३ सन् १८६७ की धारा ३,४, व ७ के आधीन कोई अपराध।

६. यदि किसी अदालत में कोई ऐसा मुकद्दमा हो, जिसका संबंध भारतीय दण्ड विधान की धारा १४३, १४५, १५१ या १५३ से हो, तो यदि अपराध गंभीर न हो, तो न्याय पंचायत में सुनवाई के लिए भेजा जा सकता है।

७. यदि किसी व्यक्ति की ओर से सार्वजनिक शान्तिभंग की आशंका हो, तो सरपंच १५ दिन तक के लिए १००) रु. तक के मुचलके ले सकता है।

दण्ड-व्यवस्था

न्याय-पंचायत को कारावास का दण्ड देने का अधिकार नहीं है। वह १००) रू. तक जुर्माने का दण्ड दे सकती है। यदि जुर्माना अदा न किया जाए, तो वह कारावास का दण्ड नहीं दे सकती।

न्याय-पंचायत के अधिकारों की मर्यादा

न्याय-पंचायतें फौजदारी के मामलों में निम्नलिखित मुकदमों की सुनवाई नहीं करेंगी:–

(१) यदि अभियुक्त पहले कभी किसी अपराध के लिए तीन वर्ष या अधिक के लिए कारावास का दण्ड पा चुका हो; या

(२) पहले कभी किसी पंचायती अदालत से चोरी के अपराध में जुर्माने का दण्ड भोग चुका हो; या

(३) अभियुक्त जरायम पेशा जातियों के एक्ट नं. ३ सन् १९११ की धारा ४ के आधीन जरामय पेशा जाति का रजिस्टर्ड मेम्बर हो, या

(४) जाता फौजदारी की धारा १०९ या ११० के आधीन अच्छा चाल चलन रखने के लिए मुचलका दे चुका हो, या

(५) जुआ खेलने के अपराध में सजा मिली हो।

क्षति-पूर्ति और अभियुक्तों की रिहाई

न्याय-पंचायत को यह अधिकार है कि वह यह आज्ञा दे सकती है कि जुर्माने से प्राप्त रकम का पूरा या आंशिक भाग वादी (मुस्तगीस) के खर्चे की पूर्ति के लिए दे दिया जाए। या किसी साम्पत्तिक हानि की पूर्ति के लिए दे दिया जाए। यदि अभियुक्त पर कोई मिथ्या आरोप साबित हो जाए, तो न्याय-पंचायत, वादी से क्षति-पूर्ति स्वरूप रकम अभियुक्त को देने की आज्ञा देगी।

न्याय-पंचायत ऐसे अभियुक्तों को जिन्होंने प्रथम बार अपराध किया हो और जिनके विरुद्ध किसी घोर अपराध का अभियोग न हो तो प्रथम अपराधी अभयदान कानून (First Offenders ProbationAct No 6 of 1938) की धारा ४ के आधीन सद्-व्यवहार का मुचलका लेकर उसे मुक्त कर सकती है।

ज़ाब्ता फौजदारी की धारा २०२ के आधीन मॅजिस्ट्रेट द्वारा भेजे गए किसी भी अभियोग की जाँच न्याय-पंचायत द्वारा की जाएगी और पंचायत जाँच के बाद अपनी रिपोर्ट मॅजिस्ट्रेट को भेज देगी।

दीवानी मामलों में अधिकार

यदि किसी मामले में नालिश १००) रू. से अधिक की न हो, तो निम्नलिखित मामलों में उसकी सुनवाई न्याय–पंचायत में हो सकती है:–

(१) किसी चल-सम्पत्ति संबंधी इकरार नामे के आधार पर, यदि कोई रकम अदा करने के योग्य हो।

(२) किसी चल सम्पत्ति (Movable property) या उसकी कीमत की वापसी के लिए नालिश।

(३) किसी चल-सम्पत्ति के अनुचित रीति से ले लेने या उसको हानि पहुँचाने के मुआवजे के लिए नालिश, और–

(४) उस क्षति के लिए नालिश जो जानवरों के अनाधिकार प्रवेश के कारण हुई है।

विशेष अवस्थाओं में प्रान्तीय सरकार के आदेश से न्याय-पंचायतें ऐसी नालिशों की सुनवाई भी कर सकेंगी जो ५००) रू. या उससे कम की मालियत की होंगी।

न्याय-पंचायत के निर्णय

न्याय-पंचायत के निर्णय पाँच पंचों को सम्मति से होंगे। यदि वे सब सहमत न होंगे, तो बहुमत से निर्णय होंगे। न्याय-पंचायत के निर्णय अन्तिम होंगे। उन निर्णयों की अपील किसी अदालत में नहीं हो सकेगी।

परन्तु यू. पी. पंचायत राज विधान १९४६ की धारा ८५ के अनुसार हाकिम परगना, मुंसिफ और सब डिवीजनल अफसर को यह अधिकार है कि वह किसी भी मुकद्दमे, नालिश या कार्रवाई के संबंध में, किसी पक्ष की प्रार्थना पर या स्वयं ही, मुकद्दमे, नालिश या कार्रवाई, जैसी भी स्थिति हो, विचाराधीन होने के समय और डिग्री या आज्ञा की

तारीख से ६० दिन के भीतर, उसके कागजात पंचायती अदालत से माँग सकता है और उन कारणों के आधार पर जिन्हे वह लिखेगा:–

(१) किसी मुकद्दमे, नालिश या कार्रवाई के बारे में पंचायती अदालत की अधिकार-सीमा को रद्द कर सकता है। या

(२) पंचायती अदालत की दी हुई किसी डिग्री या आज्ञा को किसी भी दशा में रद्द कर सकता है। या,

(३) उस मजिस्ट्रेट की अदालत में मामले की सुनवाई हो सकती है।

वकील पर प्रतिबंध

यह वास्तव में भारतीय इतिहास में प्रथम अवसर है जब कि वकील को न्याय-पंचायत के समक्ष किसी भी मुकद्दमे या नालिश की पैरवी करने के अधिकार से वंचित किया गया है। यह वास्तव में उचित ही है। यदि वकील न्याय-पंचायतों में भी पहुँच गये, तो जिस शोषण से ग्रामीणों की रक्षा करनी है, वे फिर उनके शिकार बन जायेंगे।।

परन्तु पंचायत–विधान की धारा ८१ के अन्तर्गत दोनों पक्षों को यह अधिकार दिया गया है कि वे अपने पक्ष की सिद्धि के लिए स्वयं न्याय–पंचायत में उपस्थित हों या ऐसे नौकर, हिस्सेदार, संबंधी, या मित्र द्वारा, जिसे उन्होंने अधिकार दे दिया हो, वहाँ उपस्थित हों।

7

शिक्षा और साक्षरता

भारत ग्रामों का देश है। इस देश की ८० प्रतिशत जनता ग्रामों में रहती है। भारत में ब्रिटिश राज को शासन व्यवस्था करते १५० वर्ष व्यतीत हो गये परन्तु यहाँ अब तक केवल १३ प्रतिशत व्यक्ति ही साक्षर कहलाने योग्य बन सके। स्त्रियों में साक्षरता तो और भी कम है। इसका मूल कारण यही है कि विदेशी शासन ने इस ओर राष्ट्रीय हित की दृष्टि से शिक्षा-प्रसार का प्रयत्न नहीं किया। शिक्षा-प्रसार की जो भी व्यवस्था की गई, यह जनता में ज्ञान-विज्ञान की ज्योति जगाने के उद्देश्य से नहीं प्रत्युत शासन प्रबंध के संचालन के लिए कर्मचारी और अफसर पैदा करने के उद्देश्य से की गई। आज तक अज्ञान के गढ़ इन ग्रामों की करोड़ों की आबादी को प्रकाश देने के लिए कोई योजना तैयार नहीं की गई और यदि इन पिछले वर्षों में राष्ट्रीय शिक्षाविज्ञों के प्रयत्न से कोई योजना तैयार भी हुई, तो उस पर कोई अमल नहीं किया गया।

भारत में जब से कांग्रेस मंत्रि-मंडल स्थापित हुए हैं, तब से और विशेषत: १५ अगस्त १९४७ के बाद-भारत को स्वाधीनता प्राप्त हो जाने के बाद–इधर प्रान्तों में अधिक कार्य होने लगा है। कांग्रेस मंत्रि-मंडलों ने प्रथम बार शिक्षा-प्रसार-विभाग (Education Expansion Depart ment) स्थापित कर प्रौढ़ शिक्षा की ओर प्रयत्न किया। अब प्रान्तीय सरकारें दस वर्षीय शिक्षा योजना तैयार कर इस दिशा में प्रयत्नशील हैं।

ग्राम–शिक्षा की विफलता

भारत में ग्राम–शिक्षा सफल नहीं हो सकी–इसके अनेक कारण हैं।

सब से प्रथम तो पूर्व सरकार ने ग्रामों में शिक्षा के प्रसार के लिए कोई उपयोगी योजना नहीं बनाई। उसने नगरों में ही शिक्षा के केन्द्र बनाये। फिर ग्राम–वासियों के लिए उपयोगी शिक्षा की व्यवस्था भी नहीं की गई। इस कारण ग्राम की साधारण जनता शिक्षा से उदासीन ही रही। जमींदार तथा महाजन, जिन्होंने नगरों में ही अपनी कोठियाँ, बंगले और उद्योग व्यापार खड़े कर रखे हैं, शिक्षा की ओर अधिक आकर्षित हुए। वे अपने पुत्रों को आई. सी. एस, कलैक्टर, मॅजिस्ट्रेट, मुंसिफ, पुलिस अफसर और डिप्टी कलेक्टर बनाने के उद्देश्य से कॉलिजों व यूनीवर्सिटियों में उच्च शिक्षा दिलाने की व्यवस्था करने लगे।

पंजाब सरकार के भूतपूर्व ग्राम–सुधार कमिश्नर एफ. एल. ब्रेनी ने वर्तमान् ग्राम–शिक्षा–पद्धति की आलोचना करते हुए लिखा है:–

> "दुर्भाग्य से अन्य देशों की तरह भारत में भी नगर के विचार, नगर के पाठ्यक्रम तथा नगर के अध्यापक एक बड़े लम्बे रागय से ग्राम–संस्कृति का विनाश कर रहे हैं और शहरी ढंग के जीवन के लिए आकांक्षा पैदा कर रहे हैं। इसका परिणाम यह हुआ है कि ग्राम और उनके रीति–रिवाज, यहाँ तक कि उनकी वेशभूषा तक घृणा की दृष्टि से देखी जाती है और ग्रामवासी अपनी संस्कृति, मनोरंजन तथा अन्य वस्तुओं के लिए नगरों की ओर ही अधिक आकर्षित होते हैं। ग्रामवासी युवक की यह इच्छा नहीं होती कि वह अपने ग्राम में रह कर ग्राम–सुधार के लिए प्रयत्न करे, प्रत्युत वह नगरों में ही रहना और नगर के जीवन तथा विचारों को ग्रहण करने में ही अपना सौभाग्य समझता है। वह ग्राम–जीवन की सर्वश्रेष्ठ वस्तुओं की उपेक्षा कर नगर–जीवन की निकृष्ट और हेय वस्तुओं के लिए लालायित रहता है।"[1]

1. F. L. Brayne: Better Village (1937), Ch. XII p. 172.

ग्राम-वासी नगर की ओर आकर्षित होते हैं। और इस आकर्षण में वे नगरों की कुटेवों और कुसंस्कारों को ग्रहण कर अपने जीवन को दुःखी बना लेते हैं। इसका कारण समाज द्वारा ग्रामों की उपेक्षा ही है। हम अपने ग्रामों की रचना आकर्षक ढंग से नहीं कर सके। यदि ऐसा किया जाता, तो आज ग्रामों की ओर हमारे नगर-वासी जाने लगते।

ग्रामों में सरकार ने प्राथमिक शिक्षा का परीक्षण किया। परन्तु इसमें उसे सफलता नहीं मिली। प्राथमिक (प्राइमरी स्कूलों में जिस प्रकार की शिक्षा दी जाती है, वह शिक्षार्थी को किसी भी योग्य नहीं बनाती। यदि चिट्ठी-पत्री पढ़-लिखने भर की योग्यता प्राप्त भी हो गई, तो उससे जीवन में सफलता नहीं मिल सकती और न जीवन-सुधार ही संभव है। प्राइमरी स्कूलों के बालकों में २० प्रतिशत बालक ही-चौथी श्रेणी तक शिक्षा पाते है। शेष ८० प्रतिशत दूसरी या तीसरी श्रेणी तक ही पढ़-पाते हैं। इसका अर्थ यह हुआ कि भारत में प्राइमरी शिक्षा पर जो व्यय किया जाता है, उसका ८० प्रतिशत भाग व्यर्थ में जाता है। इतनी मानव-शक्ति एवं धन का अपव्यय, वास्तव में, एक महान आश्चर्य है।

प्राथमिक शिक्षा की इस विफलता के कुछ कारण निम्नलिखित हैं:-

(१) प्राथमिक पाठशालाओं का विषय वितरण। किसी प्रदेश में अधिक पाठशालाएँ हैं; किसी में कम।

(२) बालक-बालिकाओं के लिए प्रथक् प्रथक् स्कूल।

(३) सुयोग्य और शिक्षण-प्राप्त अध्यापकों की न्यूनता।

(४) दूषित और अनुपयोगी पाठ्य-क्रम एवं शिक्षा-विधि।

(५) शिक्षा-प्रणाली में ग्राम-जीवन की आवश्यकताओं का अभाव।

(६) विद्यर्थियों के संरक्षकों का स्कूल से संपर्क का न होना। फलतः शिक्षा के प्रति उदासीनता।

(७) ग्रामों की भीषण दरिद्रता।

(८) प्राथमिक शिक्षा का प्रबंध भी दोपपूर्ण है। जिला-बोर्डों के द्वारा इनका प्रबंध होता है, इसलिए दलबन्दियों के कारण शिक्षा का ठीक-ठीक प्रबंध नहीं होता।

शिक्षा का प्रयोजन

यदि भारत में प्रजातंत्र–सामाजिक एवं राजनीतिक–की स्थापना हमारा लक्ष्य है, तो यह अन्त्यत आवश्यक है कि हम उसकी सफलता के लिए उपयुक्त क्षेत्र तैयार करें। इसमें तनिक भी सन्देह नहीं कि इसके लिए नागरिक शिक्षा ही सर्वोत्तम साधन है। हमारी शिक्षा–संस्थाएँ ही सच्चे प्रजातंत्र की आधार शिला रख सकती हैं। अत: प्रजातंत्र की सफलता के लिए नागरिकों की शिक्षा की योजना वांछनीय है।

विश्व-युद्ध से पूर्व सन् १९३७ में संयुक्त प्रान्त की सरकार ने शिक्षा के पुनर्सघठन के लिए सुप्रसिद्ध समाजवादी नेता आचार्य नरेन्द्रदेव की अध्यक्षता में एक समिति नियुक्त की थी। इस समिति की रिपोर्ट में लिखा है–

"यदि सच्चे प्रजातंत्र का विकास करना है, तो उसे सब उपायों से सस्ती नेतागिरी में परवर्तित होने से बचाना चाहिए। इसके लिए यह आवश्यक है कि संस्कृति किसी विशेष वर्ग की सम्पत्ति न रहे। इसका जनता में स्वतंत्र रुप से प्रसार होना चाहिए। राष्ट्रीय जीवन के धरातल को उच्च बनाया जाये और जनता को स्वतंत्रता से विचार करने और संयम की शिक्षा दी जाए। इससे वे अपने जीवन में पुरुषार्थ के उच्च आदर्शों की प्राप्ति कर सकें। यदि लोकतंत्र का विवेक एवं सद्व्यवहार के सिद्धान्तों द्वारा मार्ग-दर्शन नहीं किया गया, तो वह पथ-भ्रष्ट हो जायेगा और फिर उसके अवांछनीय परिणाम निकलेंगे। इसलिए यह अतीव आवश्यक है कि हमें शिक्षा का समुचित ढंग से संचालन करना चाहिए, जिससे वे स्वतंत्र एवं स्वाश्रयी व्यक्तित्व का विकास कर सकें। ऐसी स्थिति में, वे

स्वाधीनता, स्वराज्य, शान्ति और सहकारिता के उन सिद्धान्तों का पालन करने के लिए प्रयत्न कर सकेगें।"[2]

यदि हम यह चाहते हैं कि भारत में सच्ची समाजवादी लोक संचालक व्यवस्था की स्थापना हो सके और वह हमारे जीवन में सुख, शान्ति, बंधुत्व तथा लोक-संग्रह की भावना को जाग्रत कर सके, तो क्या हमारा यह, कर्तव्य नहीं है कि हम यह देखें कि लोकतंत्र की प्रत्येक आकांक्षा विवेकपूर्ण, ज्ञानमय तथा लोकहित-भावना से ओत-प्रोत है अथवा वह अज्ञानांधकार, कुसंस्कारों तथा दूषित मनोभावनाओं से ओत-प्रोत हैं। वास्तव में कट्टरता एवं कुसंस्कारों से प्रभावित अशिक्षित लोकतंत्र, जो सदैव स्वार्थी और निकृष्ट कोटि के नेताओं के कुचक्र में फंस जाता है–शान्ति, सुख एवं सुशासन के लिए एक अधिनायक तंत्र से भी अधिक खतरनाक है।

अत: लोकतंत्र को हमें सस्ती नेतागिरी, नैतिक पतन, एवं कहर वादिता से रक्षा करने के लिए उसे शिक्षित बनाने का पूरा प्रत्यन करना चाहिए।

एक सुप्रसिद्ध शिक्षा विज्ञ का यह कथन वास्तव में सत्य है कि:–

"सामाजिक एवं नागरिक शिक्षा का एक प्रमुख उद्देश्य यह होना चाहिए कि जनता की आलोचना-बुद्धि अधिक शक्तिदायक बने जिससे वे स्वार्थ और सच्चे समाज-सेवक, कट्टरवादिता, जो मानव को पाशविक वृतियों को अधिक तेजी से जाग्रत कर देता है, और सत्यता एवं सौजन्य, जो हमारी उच्च वृत्तियों को उत्तेजन प्रदान करते हैं, के बीच भेद कर सकें। यह वर्तमान समय में प्रौढ़ शिक्षा की समस्याओं में एक महत्वपूर्ण प्रश्न बन गया है क्योंकि अभिव्यक्ति के नूतन एवं शक्तिशाली साधन समस्त विचार स्वातंत्र्य तथा स्वतंत्र निर्णय पर अपना प्रभाव डालते हैं और इस प्रकार सबल एवं

2. Report of the U.P. Primary and Secondary Reorganization Committee (1939) p. 11.

प्रभावशाली स्थापित स्वार्थों के लिए यह संभव कर देते हैं कि वे करोड़ों की जनता में एक नियत नमूने के विचार एवं आचार पैदा कर सकें।"

अखिल भारत वर्षीय प्रौढ़ शिक्षा-सम्मेलन के रीवां-अधिवेशन (दिसंबर १९४७) के सभापति पद से माननीय जस्टिस प्रकाश नारायण सप्रू (सुपुत्र डॉ० सर तेजबहादुर सप्रू) ने बहुत ही महत्वपूर्ण, विचारपूर्ण एवं सामयिक अभिभाषण दिया था। इस भाषण में उन्होंने प्रौढ़ शिक्षा के महत्व पर प्रकाश डालते हुए कहा:-

"हमें अपनी जनता के लिए एक उपयोगी शिक्षा-प्रणाली की व्यवस्था करनी है, जिससे हम जहाँ कहीं भी बुद्धिमान एवं मनीषी व्यक्ति हों, उनकी खोज कर सकें। इस अर्थ में प्रौढ़ शिक्षा मुख्यतः एक नैतिक प्रश्न बन जाता है। जनता के लिए अपनी कर्त्तव्य परायणता एवं उत्तरदायित्व की भावना को विकसित करना उस समय तक संभव नहीं, जबतक कि उन्हें यह अनुभव न करा दिया जाये कि सदाचार का फल भी श्रेष्ठ होता है।"

इसी प्रसंग में जस्टिस सप्रू ने बतलाया कि:-

"शिक्षा के कर्तव्य की लोकतन्त्रात्मक व्याख्या करने के लिए प्रयत्न की ओर हम एक कारण से प्रेरित हुए हैं। यह हमारे देश का प्रौढ़ वर्ग ही है, जो भावी सरकार की रचना करेगा और जिसके हाथ में महान् राजसत्ता होगी। यह हमारे लिए आवश्यक हो गया है कि हम यह अनुभव करें कि शिक्षा एक ऐसी वस्तु है जो एक अधिकार सम्पन्न वर्ग की सम्पत्ति नहीं हो सकती। क्योंकि इस देश का शासन किसी एक वर्ग या जाति द्वारा नहीं होगा, प्रत्युत देश की समूची जनता द्वारा होगा, और उसमें सभी जातियों एवं वर्गों के लोग सम्मिलित हैं। जनता पर यह दायित्व होगा कि वे उनका चुनाव करें जो उनके लिए शासन करेंगे।"

आपने शिक्षा की उपयोगिता के संबंध में अपने विचार व्यक्त करते हुए कहा:–

"लोकतंत्र का प्रयोजन उस समय तक सफल नहीं हो सकेगा जब तक कि वह जनता में व्यापक प्रसार तथा सामाजिक नियोजन के द्वारा पर्याप्त उत्पादन एवं वितरण की व्यवस्था न कर सके और फलतः जीवन को सुखमय बना सके। सामाजिक एकता एव संघठन, जिस पर समाज का कल्याण निर्भर है, उस समाज में प्राप्त नहीं हो सकता, जिसने अपने को जातिगत एवं वर्ग-गत कुसंस्कारों से मुक्त नहीं किया है।"

अतः शिक्षा का प्रयोजन है ग्राम वासियों के जीवन-स्तर को उच्च बनाना। अक्षर-ज्ञान ही–शिक्षा का नाम नहीं है। शिक्षा का प्रयोजन है–ग्राम-वासी का शारीरिक, मानसिक एवं सामाजिक उत्कर्ष। यदि शिक्षा ग्राम-वासी को सुसंस्कृत नहीं बनाती, यदि वह उसे नीति का पाठ नहीं पढ़ाती, यदि वह उसे किसी उपयोगी कला-कौशल एवं उद्योग की और प्रेरित नहीं करती, यदि वह व्यक्ति की शक्तियों का पूर्ण विकास करने में योग नहीं देती और अन्त में यदि वह सहयोग, बंधुत्व एवं शान्ति का सुखदायक सन्देश नहीं देती, तो उसे हम शिक्षा नहीं कह सकते।

नूतन शिक्षा प्रणाली

उपर्युक्त प्रयोजन की सिद्धि के लिए ही–राष्ट्रपिता महात्मा गांधी ने आधार भूत शिक्षा (बेसिक शिक्षा) के आदर्श को देश के शिक्षा-विदों के समक्ष आज से ८-१० वर्ष पूर्व रखा था। आज तो यह बेसिक-शिक्षा-पद्धति भारत की शिक्षा प्रणाली का अंग बन चुकी है। सभी-कांग्रेसी-प्रान्तों में इसका प्रयोग सन् १९३८ से हो रहा है।

बेसिक शिक्षा का उद्देश्य है किसी उद्योग के द्वारा बालक की शारीरिक, बौद्धिक एवं नैतिक शक्तियों का विकास। ग्रामों की जनता तथा नगर की जनता दोनों के लिए समान बेसिक शिक्षा-प्रणाली होनी

चाहिए। बेसिक शिक्षा निःशुल्क (Free) हो तथा ७ वर्ष तक उसका शिक्षा-काल हो।

शारीरिक श्रम और एक रचनात्मक उद्योग द्वारा शिक्षा दी जाए। बेसिक शिक्षा का माध्यम प्रान्तीय भाषा होनी चाहिए। संयुक्त प्रान्त, बिहार, उड़ीसा, मध्य प्रान्त, राजस्थान, और पूर्वी पंजाब में शिक्षा का माध्यम हिन्दी होनी चाहिए। संयुक्त प्रान्त में सन् १९४७ से हिन्दी राज भाषा मान ली गई है। मध्य प्रान्त में भी हिन्दी राजभाषा स्वीकार कर ली जाए–इसके लिए प्रयत्न हो रहा है। बिहार में भी हिन्दी राजभाषा स्वीकार कर ली गई है। पश्चिमी बंगाल में बंगला, मद्रास में तामिल, तेलगू, मलयालम्; बंबई में गुजराती व मराठी में बेसिक शिक्षा का प्रबंध होना चाहिए।

प्रान्तीग भाषा के अतिरिक्त हिन्दी भाषा की भी शिक्षा देनी चाहिए। क्योंकि हिन्दी भाषा ही भारतीय राष्ट्र की सामान्य भाषा बन सकती है।

बेसिक शिक्षा के अन्तर्गत निम्न विषयों की भी शिक्षा देनी चाहिए:–

१. प्रथम से चतुर्थ श्रेणी तक:–

(१) बेसिक उद्योग।

(२) हिन्दी।

(३) गणित।

(४) इतिहास, नागरिक शास्त्र और भूगोल।

(५) शारीरिक व्यायाम एवं सफाई।

(६) कला।

(७) विज्ञान

२. पाँचवीं से सातवीं श्रेणी तक:–

(१) बेसिक उद्योग।

(२) हिन्दी, भाषा और साहित्य।

(३) गणित।

(४) साधारण विज्ञान (शरीर-विज्ञान, स्वास्थ्य-विज्ञान)

(५) कला।

(६) शारीरिक व्यायाम।

(७) सामाजिक अध्ययन।

३. **बेसिक उद्योग**

पहले पाँच वर्षों में प्रत्येक बालक को तकली से सूत-कातना, साधारण खेती, और बागवानी की अनिवार्य शिक्षा दी जाए। नगरों में जहाँ भूमि न प्राप्त हो सके वहाँ खेती की शिक्षा न दी जाए।

शेष दो वर्षों में बालक को निम्नलिखित उद्योगों में से एक उद्योग चुन कर उसे सीखना चाहिए:–

कातना-बुनना; कृषि; कार्ड बोर्ड का काम; लकड़ी का काम; धातु का काम; चमड़े का काम; मिट्टी के बर्तन आदि बनाना; फल व शाकादि की बागवानी; बाईसीकिलों की मरम्मत; सिलाई की मशीनों की मरम्मतः ग्रामोफोन और बिजली के सामानों की मरम्मत; बेंत का सामान तैयार करना।

बालिकाओं के लिए ग्रह-धंधों की शिक्षा देनी चाहिए।

शिक्षा का प्रबंध

अब मुख्य प्रश्न यह है कि शिक्षा का प्रबंध कैसे होना चाहिए। जब भारत में स्थानीय स्वराज्य संस्थाएँ स्थापित की गईं, तब प्राथमिक शिक्षा का प्रबंध जिला बोर्डों तथा म्युनिस्पल बोर्डों को सौंप दिया गया। उसी समय से प्राथमिक शिक्षा का प्रबंध इन्ही बोर्डों द्वारा हो रहा है। वर्तमान् व्यवस्था यह है कि संयुक्त प्रान्त के प्रत्येक जिले में एक स्कूल इन्स्पेक्टर होता है। इसके आधीन डिप्टी इन्स्पेक्टर तथा सब-डिप्टी इन्स्पेक्टर होते हैं। जिला-बोर्ड तथा म्युनिस्पल बोर्ड एक-एक शिक्षा समिति नियुक्त करते

हैं। डिप्टी इन्स्पेक्टर पर शिक्षा विभाग तथा जिला-बोर्ड व चुंगी दोनों का ही नियंत्रण होता है। बोर्डों में पार्टी बन्दी के कारण इन शिक्षा-अफसरों को भी उस पार्टी को प्रसन्न करने के लिए हर प्रकार का उचित-अनुचित कार्य करना पड़ता है, जो सत्ता में होती है।

इस पार्टी-बन्दी के कारण अनेक सुयोग्य अध्यापकों को नौकरी से हाथ धोने पड़ता हैं और अनेक अयोग्य व्यक्तियों को अध्यापकी मिल जाती है।

यही कारण है कि जिला बोर्डों तथा म्युनिसिपल बोर्डों में काम करने वाले शिक्षाधिकारी बोर्डों के चेयरमैनों तथा सदस्यों की चाटुकारिता में, उनके गलत कार्यों एवं गलत नीतियों की उपयुक्तता सिद्ध करने के लिए, हर समय प्रस्तुत रहते हैं। जो ऐसी चाटुकारिता के अभ्यस्त नहीं होते, उन्हें अवकाश ग्रहण करने के लिए बाध्य होना पड़ता है।

हाल में ग्राम-पंचायत राज-विधान द्वारा ग्राम सभाओं के हाथ में प्राथमिक शिक्षा का प्रबंध दे दिया गया है। पहले यह कार्य जिला बोर्डों द्वारा होता था।

अब शिक्षा के क्षेत्र में यह विकेन्द्रीकरण कर दिया गया है। जब हमारे जिला बोर्ड और म्युनिसिपल बोर्ड प्राथमिक शिक्षा की सुव्यवस्था करने में सफल नहीं रहे, तब ग्राम-पंचायतें सफल हो सकेंगी, यह कहना कठिन है।

प्रान्तीय शिक्षा-पुनर्संगठन समिति के अध्यक्ष आचार्य नरेन्द्र देव ने अपनी रिपोर्ट में स्पष्ट रूप से यह मत दिया है कि "प्रान्त के समस्त बेसिक स्कूलों तथा उच्च शिक्षा का प्रबंध एक केन्द्रीय शिक्षा बोर्ड द्वारा होना चाहिए।" यदि हम शिक्षा को राजनीति की दूषित दलबन्दी और उसके अवांछनीय परिणामों से मुक्त रखना चाहते हैं, तो हमें आचार्य नरेन्द्र देव की शिक्षा समिति की इस सिफारिश को स्वीकार कर प्रान्तीय केन्द्रीय शिक्षा बोर्ड बनाकर उसकी व्यवस्था करनी चाहिए।

प्रौढ़ शिक्षा

बालकों की शिक्षा के लिए बेसिक स्कूल स्थापित किये जायेंगे और उनके द्वारा बालक तथा बालिकाओं को शिक्षा दी जायगी। यह शिक्षा नि:शुल्क और अनिवार्य होगी। संयुक्त प्रान्त की सरकार ने १० वर्षे में समस्त जनता को साक्षर बनाने की योजना तैयार की है और यह योजना जुलाई १९४८ से आरम्भ हो जायेगी।

अब जो प्रौढ़ निरक्षर हैं, उनकी शिक्षा का प्रश्न भी महत्वपूर्ण और विचारणीय है। प्रौढ़ शिक्षा का प्रयोजन केवल मात्र यही नहीं है कि एक अध्यापक ग्राम की चौपाल पर एक टिमटिमाते दीपक के प्रकाश में ग्रामीण पुरुषों को क, ख, ग का पाठ पढ़ाये। अक्षर ज्ञान अत्यन्त उपयोगी और आवश्यक होने पर भी वह साध्य नहीं है। ये लोग किसी न किसी प्रकार टेढ़े-मेढ़े हस्ताक्षर बनाना जानते ही अपने को आचार्य समझने लगते हैं।

वास्तव में प्रौढ़-पाठशालाओं की व्यवस्था सुचारु रुप से होनी चाहिए।

इन पाठशालाओं में वे अक्षर ज्ञान के साथ-साथ अपने ग्राम, जिले, प्रान्त और देश तथा विश्व की समस्याओं में दिलचस्पी लेना सीखें, उनमें देश के गंभीर प्रश्नों के समझने की जिज्ञासा पैदा हो और वे अपने जीवन के सुधार, ग्राम-सुधार, बालकों की शिक्षा, कन्या-शिक्षा, सहकारिता, विज्ञान एवं नवीन आविष्कारों की उपयोगिता आदि के सम्बन्ध में समुचित जानकारी प्राप्त करें। इन शालाओं में उनके मनोरंजन की भी सामग्री हो। समय-समय पर ग्रामोपयागी विषयों पर व्याख्यान आदि भी कराये जायें। इस प्रकार प्रौढ़ शिक्षा, वास्तव में ग्राम जीवन की शिक्षा होनी चाहिए।

श्री, के. जी. सईदेन ने अखिल भारतवर्षीय प्रौढ़-शिक्षा-सम्मेलन में अपने भाषण में प्रौढ़ शिक्षा के संबंध में एक बात बड़े महत्व की कही है और उसे हम उन्हीं के शब्दों में दुहरा देना चाहते हैं:

"आज प्रौढ़ शिक्षा का सबसे महत्वपूर्ण कार्य यह नहीं है कि जनता को पढ़ने-लिखने की शिक्षा दी जाए, या उनकी ज्ञान-वृद्धि की जाए,

या उनकी कार्य–क्षमता बढ़ायी जाए–यह सब कार्य महत्वपूर्ण हैं–प्रत्युत उनकी सामाजिक एवं नैतिक शिक्षा पर ध्यान देना है; उनमें जीवन के लिए आदर की भावना जगाना है। इसकी शिक्षा सभी धर्मों ने दी है। और उन्हें उन नैतिक तथा आत्मिक मूलों की शिक्षा देनी है, जिन के कारण जीवन सार्थक हो।"[3]

अप्रैल १९३८ में सबसे प्रथम बार, भारत में, बिहार प्रान्त की कांग्रेस सरकार ने साक्षरता–आन्दोलन आरम्भ किया। तत्कालीन बिहार–मंत्री–मण्ड्ल के शिक्षा–सचिव डॉ. महमूद ने बड़े उत्साह से इस कार्य को शुरू किया। इसकी सफलता से उत्साहित होकर संयुक्त प्रान्त में भी १५ जनवरी १९३९ को सम्पूर्ण प्रान्त से साक्षरता दिवस मनाया गया। इस योजना के लिए शिक्षा सचिव माननीय श्री सम्पूर्णानन्द, श्री कर्णसिंह केन (तत्कालीन पार्लमेंटरी सक्रेटरी) तथा माननीय पं. श्रीनारायण चतुर्वेदी एम. ए. लन्दन (शिक्षा प्रसार अधिकारी) धन्यवाद के पात्र हैं। मध्यप्रान्त में वर्तमान प्रधान मंत्री माननीय श्री पंडित रविशंकर शुक्ल (पूर्व शिक्षा–सचिव) तथा शिक्षा–सचिव माननीय गोखले तथा माननीय श्री पं० द्वारिका प्रसाद मिश्र के अथक प्रयत्नों के फलस्वरुप प्रान्त में साक्षरता–प्रसार के कार्य में काफी प्रगति हुई है। 'विद्यामन्दिरों' की योजना के अनुसार प्राथमिक एवं बेसिक शिक्षा के क्षेत्र में पर्याप्त उन्नति हुई है। इसके लिए माननीय पं० शुक्ल जी और उनका मंत्रिमण्डल बधाई के पात्र हैं।

ग्राम–वाचनालय

साक्षरता, तथा प्रौढ़ शिक्षा की सफलता के लिए यह अत्यन्त आवश्यक है कि ग्राम सभाओं और ग्राम–पंचायतों द्वारा ग्रामों में वाचनालय एवं पुस्तकालय स्थापित किए जायें। पुस्तकालयों में तीन विभाग रहें–प्रौढ पुरुषों के लिए, प्रौढ़ा स्त्रियों के लिए तथा बालक–बालिकाओं के लिए। तीनों विभागों के लिए पुस्तकों का चुनाव उचित ढंग से होना चाहिए।

---

3. Amrit Bazar Patrika, Mr. K. G. Saiyidain's address. 31-12-47.

हमारी राय में प्रान्तीय सरकार को सुप्रसिद्ध साहित्यकारों, लेखकों व पत्रकारों की एक समिति नियुक्त कर इन वाचनालयों के लिए प्रत्येक विषय को उपयोगी पुस्तकों का चुनाव कर सम्पूर्ण नामावली, लेखकों के नाम सहित, प्रत्येक ग्राम-पंचायत को भेज देनी चाहिए। उनसे यह भी आग्रह किया जाए कि पुस्तकालयों के लिए पुस्तकें इस सूची के अनुसार ही खरीदी जायें। यह सूचना इसलिए दी गई है कि उपयोगी तथा उपयुक्त पुस्तकों का चुनाव बड़ा कठिन कार्य है; इसे अध्यापक तो क्या शिक्षा-विभाग के अनेक अधिकारी भी उपयुक्त रीति से नहीं कर सकते।

वाचनालय में दैनिक पत्रों के अतिरिक्त साप्ताहिक तथा मासिक पत्रों की भी आवश्यकता है। स्थानीय पत्र भी मँगाने चाहिए। ग्राम-सुधार, कृषि-सुधार पशु-पालन, गो-पालन, स्वास्थ्य, बाल-शिक्षण आदि विषय के मासिक पत्र भी मँगाने चाहिए।*

पुस्तकों का चुनाव ग्राम की आवश्यकता को ध्यान में रख कर करना उचित है। शिक्षा प्रसार-विभाग तथा ग्राम-सुधार-विभाग ने ग्रामों में वाचनालय एवं पुस्तकालय स्थापित किए हैं। परन्तु अभी इस दिशा में बहुत गुंजायश है। काव्य, इतिहास, भूगोल, अर्थशास्त्र, राजनीति, कृषि, गोपालन, ग्रामोद्योग, चिकित्सा, ज्ञान-कोष, शब्द-कोष, विज्ञान, विश्व-राजनीति आदि विषयों पर उपयोगी और सुन्दर पुस्तकें संग्रह की जायें।

* हमें यह अत्यन्त खेद के साथ लिखना पड़ता है कि हिन्दी जगत में इन विषयों पर चित्रमय सुन्दर उपयोगी पत्र-पत्रिकाएं नहीं के समान हैं। Indian Farming and Physical Culture (U. S. A.) जैसे पत्रों की हिन्दी में बड़ी आवश्यकता है। परन्तु हिन्दी प्रकाशकों को कहानी पुस्तकों और कहानी-पत्रों से ही अवकाश नहीं मिल रहा है। 'स्वास्थ्य' पर भी कोई उच्च कोटि का पत्र हमारे यहाँ नहीं है।

8
ग्राम-रक्षा

एक युग–था जब कि ग्राम-चोर, डाकु और अन्य अपराधियों से सर्वथा मुक्त थे; परन्तु आज के युग में तो ग्राम अपराधियों के अड्डे बने हुए हैं। गत विश्व युद्ध के समय से तो देश में समाज-विरोधी तत्व अधिक बढ़ गये हैं, जनता का नैतिक धरातल भी गिर गया है और अपराधों की मनोवृति बढ़ गई है। युद्ध काल में भारत में सन् १९४२ का आन्दोलन हुआ; उस समय तोड़-फोड़ अर्थात् विध्वंसात्मक कार्य भी किए गए। इन कार्यों से भारतीय स्वाधीनता की प्राप्ति में सहायता मिली हो–यह कहना कठिन है। परन्तु सामान्य जनता में व्यवस्था व कानून के प्रति जो आदर–भाव था, वह बहुत कुछ शिथिल हो गया। रहा-सहा पाकिस्तान की रचना और पंजाब, सिंध, सीमा-प्रान्त में भारी नागरिक उपद्रवों के कारण नष्ट हो गया।

जिस समय गत सितम्बर १९४७ में भारतीय संघ की राजधानी नई देहली में हिन्दू-मुस्लिम भयानक उपद्रव हुए, उस समय से देश भर में जीवन और सम्पति महान खतरे में पड़ गई। इन सब भयानक घटनाओं का अन्त सबसे भयंकर और महान् राष्ट्रीय सकंट के रूप में हुआ जब कि ३० जनवरी १९४८ को विश्व की महान विभूति, गरीब जनता के प्राण और दलित-पीड़ित मानवता के उद्धारक महात्मा गांधी की एक दुष्ट हिन्दू ने हत्या कर दी। यह वास्तव में हमारे देश के लिए ही नहीं वरन

अखिल विश्व के लिए एक महान् क्षति है जिसकी पूर्ति होना कई सदियों तक संभव नहीं।

हमारे कहने का तात्पर्य यह है कि देश में बढ़ती हुई इस अपराध-मनोवृति को नियन्त्रित करने के लिए तथा ग्राम-वासियों की दुष्ट व अपराधियों से रक्षा के लिए यह आवश्यक है कि ग्राम सभाएँ अपने अपने क्षेत्र में 'ग्राम-रक्षक' (Village Guards) का संगठन करें। सयुंक्त प्रान्तीय पंचायत राज विधान के अन्तर्गत गाँव की रक्षा, चौकीदारी, और पंचायतों के सम्मन, नोटिस आदि तामील करने के लिए ग्राम-स्वयं-सेवक दल के सगंठन की व्यवस्था की गई है।

सयुंक्त प्रान्त की सरकार १२ लाख नागरिक सैन्य (National Milltia) का भी आयोजन कर रही है। आज के जमाने में अन्तरराष्ट्रीय क्षेत्र में और राष्ट्रीय क्षेत्र में भी आत्मरक्षा के लिए देश तथा नागरिकों को तैयार होना चाहिए।

इसके लिए यह अत्यन्त आवश्यक है कि सरकार की ओर से पर्याप्त मात्रा में रायफलें, तमंचे तथा बन्दूकें नागरिकों को देने की व्यवस्था की जाए और उन्हें ट्रेनिंग की भी सुविधाएँ दी जायें, जिससे अवसर आने पर वे अपनी आप रक्षा कर सकें।

पूर्वी-पंजाब की सीमा पर जो जिले हैं, उनमें रहने वाली जनता का जीवन व सम्पत्ति अरक्षित है। पश्चिमी तथा पूर्वी पंजाब के मध्य में कोई स्वाभाविक सीमा व बाधा नहीं है। इसी कारण आजकल भी वहाँ झगड़े, चोरी, लूटमार तथा नारी-अपहरण की घटनाएँ होती रहती है।

इन सीमान्त ग्रामों की रक्षा के लिए भी ग्राम-रक्षकों की आवश्यकता है।

पाकिस्तान राज्य में, पश्चिमी पंजाब के पूर्वी पंजाब की सीमा के निकट वाले जिलों में लाखों की संख्या में पठान एकत्रित किए जा रहे हैं; उन्हें रायफलें तथा बन्दूकें दी जा रही हैं। इस कारण भी पूर्वी पंजाब के ग्राम भय से आतंकित हैं।

"हमारी सम्मति में ग्राम-रक्षक प्रत्येक ग्राम में संगठित किये जायें। इसका संचालन व नियंत्रण प्रान्तीय सरकार के आधीन हो, जिस प्रकार पुलिस प्रान्तीय सरकार के आधीन है।

ग्राम-रक्षक पंचायत की सम्पत्ति, सरकारी सम्पत्ति तथा स्कूल, अस्पताल, शिशु-केन्द्र, मातृ-मन्दिर आदि की रक्षा करें तथा ग्राम में शान्ति कायम रखें।

ग्राम-पंचायतें स्वयंसेवक दलों तथा स्काउटों का भी संगठन करें जो सार्वजनिक उत्सवों, मेलों, प्रदर्शनियों आदि के समय जन-सेवा का कार्य करें। इनका नियंत्रण ग्राम-सभा के आधीन रहे।

9

ग्राम में स्वास्थ्य और सफाई

एक समय था जब कि भारतीय ग्राम सुख-समृद्धि के आगार थे। उस समय ग्रामों में प्रत्येक निवासी को गेहूं, चावल, दूध, घी, मक्खन, तथा फल और शाक इत्यादि यथेष्ट मात्रा में उपलब्ध थे। उस दशा में उनके शरीर में इतनी शक्ति थी कि वे रोगों से मुक्ति पाने में समर्थ थे। परन्तु आज स्थिति इसके विपरीत है। नगरों में अच्छा गेहूं ग्राम की अपेक्षा सस्ता मिलता है; दूध और घी भी मिल जाता है। परन्तु ग्रामों में जनता को ये पौष्टिक द्रव्य नहीं मिलते। धनी-सम्पन्न मुट्ठी भर लोग ही इनका उपभोग करते हैं। साधारण जनता इनके भोग से वंचित रहती हैं। अत: पौष्टिक एवं शुद्ध आहार के अभाव में ग्राम-वासियों का स्वास्थ्य भी गिर गया है। ग्रामों में रोगों का प्रकोप आये दिन होता रहता है। प्रान्तीय स्वास्थ्य-विभाग तथा जिला बोर्ड ग्रामों में स्वास्थ्य, एवं सफाई के प्रति उदासीन रहे हैं। इसका फल यह हुआ कि ग्राम-वासियों में कुछ ऐसे कुसंस्कार और कुटेवें पैदा हो गई कि जिनके कारण ग्राम और भी गंदे बन गये।

आप किसी भी ग्राम में प्रवेश कीजिए, तो उसकी सीमा पर सबसे पहले मेहतरों, कंजरों तथा अन्य जरायम पेशा जातियों के खण्डहर जैसे निवास स्थान दिखलाई देंगे। ये इतने अशुद्ध एवं गंदे होते हैं कि इनमें कोई भी सभ्य व्यक्ति एक क्षण के लिए ठहर नहीं सकता। फिर दलित

कहलाने वाली दूसरी जातियों के लिए अलग हिस्सा होता है। यह भाग भंगी-टोला से कुछ अच्छा होता है। परन्तु स्वास्थ्य की दृष्टि से यह भी कम गंदा नहीं होता। सवर्ण हिन्दुओं के रहने के मकान, विशेषतः जमींदारों, उनके संबंधियों तथा धनी पुरुषों के मकान और गाँव का हिस्सा स्वच्छ होता है।

स्वच्छता

ग्राम-वासियों को सफाई के लिए सबसे अधिक ध्यान देना चाहिए। सबसे पूर्व वे अपने शरीर, वस्त्रों तथा मकान की सफाई करें। मन को भी निर्मल रखें। कभी द्वेष तथा दूषित विचारों को मन में स्थान न दें। मकान की रचना भी ऐसी हो कि वह स्वच्छ रहे। मकान को स्वच्छ रखने का मतलब यह नहीं है कि उसका कूड़ा-कचरा मकान के सामने मैदान या गली में, बखेर दिया जाए ! अपने मकान के बाहर भी उतनी ही सफाई रखनी चाहिए जितनी कि भीतर। मकान, खेत, गली, मैदान, कूप, तालाब आदि सभी स्थानों को साफ रखना चाहिए। सफाई रखने के संस्कार बाल-काल में ही बच्चों में डालने चाहिए।

गोबर, कूड़े-कचरे आदि को ग्राम के मेहतर ग्राम के पास ही जमा कर देते हैं। यदि इसे गढ्ढे खोद कर जमा करें, तो इससे खाद पैदा हो, जिससे खेती में लाभ होगा।

ग्राम-पंचायतों को ऐसी व्यवस्था करनी चाहिए कि जिससे ग्राम-वासियों को स्वास्थ्य तथा सफाई के सिद्धान्तों, नियमों तथा विधियों का ज्ञान मिले। इसके अनेक साधन हैं। स्वास्थ्य विभाग के अधिकारियों द्वारा स्वास्थ्य व सफाई पर व्याख्यानों का आयोजन कराया जाय; मैजिक लेर्टन द्वारा व्याख्यानों को रोचक बनाया जा सकता है। रेडियो, चित्रपट (Cinema), पुस्तक तथा साहित्य द्वारा भी इसकी शिक्षा दी जा सकती है।

इन भाषणों व व्याख्यानों आदि में कोई गंभीर वैज्ञानिक व्याख्या करने की आवश्यकता नहीं है। ऐसे व्याख्यान अत्यंत सरल हों और उनमें ग्राम

जीवन से संबंधित बातों की सरल भाषा में चर्चा हो; जैसे–मनुष्य संयम एवं सफाई से अपने स्वास्थ्य को कैसे सुधार सकता है? सफाई से रोगों को कैसे दूर कर सकता है? भोजन में कौन-सी वस्तुएँ खानी चाहिए और कौन कौन-सी क्यों नहीं? भोजन कब और कितना खाना चाहिए? शुद्ध आहार के लाभ? गंदे, सड़े अन्न तथा गले सड़े फल एवं बासी सब्जी से हानियाँ? मादक द्रव्यों शराब, भांग, गांजा से क्या-क्या हानियाँ होती है? स्वास्थमंद मकान कैसे बनाने चाहिए? पशुओं के स्थान कैसे हों? मच्छरों से मलेरिया कैसे फैलता है? मच्छरों से कैसे रक्षा की जाए? चूहों से जनता को क्या-क्या हानियाँ हैं? इत्यादि।

जल की व्यवस्था

ग्राम में पीने के लिए पक्के और स्वास्थाप्रद जल कूपों की सुव्यवस्था नहीं है। ऐसे ग्राम कम नहीं हैं, जहाँ लोगों को कुओं के कारण कष्ट है। मद्रास प्रांत में तो ग्रामों में लोग तालाबों का जल पीने के काम में लाते हैं।

ग्राम–सभाओं को स्वच्छ जल की व्यवस्था करनी चाहिए। इसके लिए स्वच्छ स्थानों पर पक्के कूप बनाये जायें। इन कुओं से सब जातियों को पानी भरने का समान अधिकार होना चाहिए। कानून द्वारा अस्पृश्यता का नाश तो हो गया है, परन्तु अभी तक व्यवहार में, ग्रामों में, समाज पर अस्पृश्यता का व्यापक प्रभाव है। आज भी ग्रामों में सवर्ण हिन्दुओं के जल कूप या तालाब प्रथक हैं और दलित जातियों के अलग कुएँ हैं। दलित जातियों के कुएँ प्रायः कच्चे और गंदे होते हैं। सयुंक्त प्रान्त की सरकार ने अपने Reclamation विभाग द्वारा दलित जातियों के कूप निर्माण का कार्य आरम्भ किया है। हरिजन-सेवक संघ ने भी जल-कूपों के निर्माण में प्रशंसनीय कार्य किया। परन्तु हमारी सम्मति में प्रत्येक ग्राम के सभी सार्वजनिक कूप समस्त जातियों–ब्राह्मण से लेकर भंगी तक के लिए खुल जाने चाहिए।

प्रत्येक ग्राम में सार्वजनिक कूपों के निकट ही स्त्रियों व पुरुषों के लिए स्नानागार बनाये जायें। वस्त्रादि कूपों पर न धोने चाहिए। इनके लिए कूप के पास, एक स्थान बना दिया जाए।

शुद्ध और पौष्टिक भोजन

ग्राम-पंचायत का यह कर्तव्य होना चाहिए कि वह अपने-क्षेत्र में ग्राम-वासियों के लिए शुद्ध अन्न, दूध, घी, मक्खन आदि की व्यवस्था करे। प्रत्येक ग्रामवासी की आवश्यकता, पूर्ति होने के बाद ही अन्नादि की बिक्री, क्षेत्र के बाहर या नगर में की जाए। जो लोग किसान हैं, उनके पास तो अन्न संग्रह होता है। लेकिन ग्रामों में जो लोग दूसरे काम धंधे करते हैं, उन्हें किसानों से ही अन्न मिल सकता है। इसलिए पंचायत को इसकी देख-रेख रखनी चाहिए कि ऐसे लोगों को उचित दामों पर अन्न मिल जाए। यदि कोई गला-सड़ा अन्नादि मनुष्यों के खाने के लिए बेचे तो इसे रोकने के लिए पंचायत को प्रबंध करना चाहिए।

रोगों का प्रतिकार

मनुष्य को जितने भी रोग होते हैं, वे सब स्वास्थ्य एवं सफाई के नियमों के उलंघन तथा अज्ञानता के कारण ही होते हैं। इसलिए ग्राम-वासी जितनी सतर्कता के साथ स्वास्थ्य एवं सफाई के नियमों का पालन करेंगे, वे उतना ही उन रोगों का प्रतिकार करने में सफल होंगे।

अनेक रोग संक्रामक होते हैं। इसका मतलब यह है कि ऐसे रोग स्पर्श (छूत) के कारण दूसरे लोगों पर भी आक्रमण करते हैं। मलेरिया, हैजा, प्लेग, चेचक, क्षय, (तपेदिक), कोढ़, उपदंश, सुजाक, खाज तथा खुजली। मलेरिया अथवा प्लेग और हैजा जब अपना भीषण प्रकोप करते हैं, तब ग्राम के ग्राम साफ हो जाते हैं।

इन सब रोगों से बचने का एक मात्र उपाय यह है कि मनुष्य को शुद्ध आहार पर्याप्त मात्रा में ग्रहण करना चाहिए। आहार की मात्रा अधिक या कम होने अथवा अधिक आहार के कारण कब्ज आदि हो जाती है।

बस इसी से बुखार, सर दर्द, अपाचन आदि रोग हो जाते हैं। साधारण रोग में उचित उपचार न करने तथा पथ्य न करने से भी रोग भयंकर रूप धारण कर लेते हैं।

ग्राम की सफाई

समूचे ग्राम की सफाई पर विशेष ध्यान देने की आवश्यकता है। यदि सब लोग अपने-अपने मकान की सफाई भी कर लें, तब भी सारे ग्राम की सफाई उस समय तक संभव नहीं, जबतक कि उसकी गली, मैदान, नालियों, टट्टियों तथा मूत्र-स्थानों की सफाई न की जाए। यह कार्य स्वास्थ-विभाग के अन्तर्गत मेहतरों को करना चाहिए। मूत्र जहाँ-तहाँ गली में या चौक में करना ठीक नहीं। गाँवों में पक्की नालियाँ बनाई जायें और नालियों में मूत्र तथा गंदा पानी बहा देना चाहिए।

ग्रामों में शौच करने की विधि बहुत ही दूषित है। पुरुष और स्त्रियाँ खेतों में बैठ जाते हैं। मल-मूत्र मार्ग में जाने वाले के पैरों से लग जाता हैं। स्त्रियों के लिए कोई परदा नहीं होता। यदि ग्रामवासी गढ्ढे खोद कर उनमें टट्टी करें और उसे मिट्टी से ढक दें, तो इससे वायु भी शुद्ध रहेगी और ४-५ महीने बाद उन्हें खाद भी मिल जायेगी। पर्दे के लिए गढ्ढों के चारों ओर टट्टी लगा सकते हैं। जब एक गढ्ढा भर जाए, तब दूसरा खोद लें।

मकानों की रचना

ग्रामों में मकान बहुत ही बेढंगे बने होते हैं। यद्यीप ग्राम की आबादी में स्थान की कभी नहीं, फिर भी मकान छोटे और संकुचित बनाये जाते हैं। मकान अधिकांश में कच्चे होते हैं। लोग इतने दरिद्र हैं कि एक-दो कोठरी में ही अपने सब काम कर लेते हैं, रसोइयां, शयन-गृह, अतिथि-गृह, स्टोर, प्रसूति गृह, आदि सब दो-एक कोठरियों में ही होते हैं, जिनमें प्रकाश और वायु के प्रवेश की सख्त मनाई होती है, ऐसा है भारत के ग्रामवासियों का विधान।

ग्राम-पचायतों को चाहिए कि वे सहकारी ढंग पर अच्छे स्वास्थ्यप्रद मकानों के बनाने का प्रबंध करें। प्रान्तीय सरकार को इस कार्य में सहायता देनी चाहिए।

ग्रामों में दलित जातियों और विशेषत: मेहतरों के मकान अत्यन्त दूषित और स्वास्थ्य की दृष्टि से अत्यन्त हीन दशा में हैं, वैसे भी उन्हें ग्राम का निकृष्ट भाग अपने झोंपड़े बनाने के लिए दिया जाता है। पंचायत और सरकार को चाहिए कि वे इनके मकानों की व्यवस्था करें। पंचायत का यह भी कर्तव्य होना चाहिए कि कोई व्यक्ति जो आबादी में स्थायी रुप से रहता है, उसे कोई भी बलपूर्वक नहीं निकाल सकता।

ग्राम चिकित्सालय

प्रत्येक ग्राम-क्षेत्र में ग्राम चिकित्सालय होने चाहिए, जिनमें ग्राम-वासियों की सामान्य चिकित्सा का सुप्रबंध हो। अनेक प्रान्तों में प्रान्तीय सरकारों ने आयुर्वेद चिकित्सा पद्धति को स्वीकार कर वैद्यों तथा हकीमों को डॉक्टरों के समान रजिस्टर्ड करने की व्यवस्था की है और ग्रामों में चिकित्सालयों के खोलने को व्यवस्था भी की है। परन्तु ये अभी अपर्याप्त हैं।

इन चिकित्सालयों में नि:शुल्क चिकित्सा का प्रबंध होना चाहिए।

शिशु-केन्द्र और प्रसूति-मन्दिर

शिशु ही देश के भावी नागरिक हैं। अत: शिशु-मंगल (Child Welfare) के कार्य में पूरी दिलचस्पी लेनी चाहिए। शिशुओं के स्वास्थ्य की पूरी-पूरी संभाल इन केन्द्रों में होनी चाहिए। माताओं को शिशु स्वास्थ्य की रक्षा के सबंध में हर प्रकार की सलाह देते रहना इन केन्द्रों का मुख्य कार्य हो।

इनके साथ ही प्रसूति मन्दिर भी स्थापित किए जायें, जिनमें प्रसूता की देखभाल, जाँच तथा उसके उपचार की पूरी व्यवस्था हो। धायी कर्म की भी व्यवस्था होनी चाहिए।

हमारे देश में सुसभ्य परिवारों तक में भी अनपढ़ तथा अशिक्षित (Untrained) दाइयाँ धायी कर्म करती हैं। ये बड़े अशुद्ध ढंग से अपना काम करती हैं, और कभी-कभी प्रसूता के जीवन तथा कभी-कभी शिशु के जीवन का अन्त भी इनकी मूर्खता से हो जाता है।

अत: शिक्षित धाइयों द्वारा ही धायी कर्म का संपादन किया जाना उचित है। स्वस्थ्य विभाग को इस ओर ध्यान देना चाहिए।

ग्रामों में मेले आदि के अवसरों पर शिशु-प्रदर्शनी का आयोजन किया जाए और सर्वश्रेष्ठ बालक की माता को पुरस्कार भी दिया जाए। नगरों में भी ऐसे आयोजन हों।

व्यायाम-शालाएँ

ग्राम-पंचायतों का यह कर्तव्य होना चाहिए कि वे ग्रामवासियों के स्वास्थ्य को ठीक बनाये रखने के लिए शारीरिक व्यायाम (Physical Culture) की व्यवस्था करें। ग्रामों में अखाड़े खोले जाएं, युवक तथा बालक व्यायाम करें, दौड़ करें तथा विविध प्रकार के खेलों का आयोजन करें।

यह हर्ष का विषय हैं कि देश के शिक्षा-विज्ञ तथा प्रान्तीय शिक्षा-विभाग शिक्षा-पद्धति में शारीरिक व्यायाम का महत्व भी स्वीकार करने लगे हैं। सयुंक्त प्रान्त की सरकार ने प्रान्तीय शारीरिक व्यायाम परिषद् (Council of Physical Culture) स्थापित कर दी है, जिसके सुयोग्य संचालक श्री माथुर बड़ी दिलचस्पी के साथ प्रान्त के युवक-समाज में व्यायाम-मनोवृति पैदा करने में प्रयत्नशील हैं। इस परिषद् ने थोड़े ही समय में उपयोगी कार्य किया है। हम आशा करेंगे कि अन्य प्रान्तीय सरकारें भी इसका अनुसरण करेंगी।

10

ग्रामोद्योग और शिल्प

हमने इस पुस्तक के प्रथम अध्याय में प्राचीन-काल के ग्रामों पर जो प्रकाश डाला है, उससे यह स्पष्ट है कि उस समय के ग्राम, वास्तव में आदर्श ग्राम थे; क्योंकि वे आधुनिक अर्थ में पूर्ण स्वतंत्र एवं स्वाश्रयी थे। उस युग के ग्राम बड़े बड़े उद्योगों के केन्द्र थे। परन्तु समय ने पलटा खाया और आज हम ग्रामों को–उत्पादन के केन्द्र होने पर भी–नगरों की आर्थिक-नीति पर निर्भर देखते हैं। आज के किसान देश की सम्पत्ति का उत्पादन तो करते हैं, परन्तु फिर भी आज वे महा दरिद्र हैं। इसका कारण हैं हमारे देश की गलत आर्थिक नीति और दूषित समाज संघठन।

हमारे देश के राष्ट्रीय नेताओं तथा अर्थ-शास्त्रियों का यह विचार है कि देश की आर्थिक-प्रणाली में औद्योगीकरण (Industrialisation) के साथ-साथ–ग्रामोद्योगों का भी विकास करना चाहिए। भारतीय-संघ के प्रधान-मंत्री माननीय पं. जवाहरलाल नेहरु इसी नीति के समर्थकों में से हैं।

ग्रामों में जो व्यवसाय लोग करते हैं, उन्हें हम तीन श्रेणियों में विभाजित कर सकते है:–

१. कृषि और उससे संबंधित उद्योग।

२. गृह-उद्योग।

३. व्यापार।

ग्राम के सभी लोग खेती नहीं करते। खेती के अतिरिक्त और भी धंधे हैं, जिनका खेती से संबंध है। पशु पालन, गौ पालन, चर्म-उद्योग, बागबानी, सब्जी का उत्पादन, जंगलात के धंधे।

गृह उद्योगों में निम्नलिखित धंधे सम्मिलित हैं:-

सूत कातना, कपड़े बुनना, दरी तथा गलीचे बुनना, कम्बल बुनना, कागज बनाना, तेल पेरना, धान से चावल तैयार करना, गुड़ तैयार करना, मधुमक्षिका पालन, साबुन बनाना, पनचक्की, मुर्गियाँ पालन, बढ़ई का काम, लुहार का काम, बीड़ी बनाना, बेंत तथा बांस के सामान तैयार करना, मिट्टी के बर्तन बनाना, रस्सी बनाना, टायल बनाना, ईंटों के भट्टे, चूड़ियों का काम, काँच का काम।

इन तथा इसी प्रकार के अन्य उद्योगों का संगठन यदि सहकारी ढंग पर किया जाए और उसके लिए कारीगरों को आवश्यक शिक्षा दी जाए, तो यह गृह-शिल्प आशातीत उन्नति कर सकता है। युद्ध-काल में मिलों से तैयार वस्त्रों पर नियंत्रण होने तथा राशन होने के कारण हाथ के कई द्वारा पर्याप्त मात्रा में वस्त्र तैयार किए गए। हम अनुभव के आधार पर यह कह सकते हैं कि वे मिल के कपड़ों से अधिक टिकाऊ और सुन्दर होते हैं। परन्तु मिल के कपड़े की अपेक्षा उनका मूल्य तिगुना या दुगुना होता है।

यदि इस हस्त-वस्त्र-कौशल को उचित प्रोत्साहन दिया जाए, तो इससे ग्रामों की आवश्यकता पूरी हो सकेगी। और जो कमी होगी, वह मिल के वस्त्रों से पूरी हो जायगी।

इसी प्रकार शिक्षा का प्रसार होने पर कागज की भी अधिक आवश्यकता पड़ेगी। ग्रामों में कागज के निर्माण का कार्य भी भली भांति किया जा सकता है।

यदि यह सब ग्रामोद्योग सहकारी समितियाँ बना कर किये जायें, तो इससे अधिक उत्पादन होगा और लाभ भी अधिक होगा।

पंजाब ग्राम–सुधार के पूर्व कमिश्नर एफ. एल. क्रेनी (जो ग्राम–सुधार के एक विशेषज्ञ हैं और जिन्होंने इस विषय पर उपयोगी पुस्तकें भी लिखी है) का यह मत है:–

> "बड़े पैमाने पर उत्पादन और यंत्र-शक्ति के मुकाबले ग्रामोद्योगों एवं हस्त शिल्प का पुनर्जीवन करना है, तो यह केवल सहकारिता (Co-operation) के आधार पर ही संभव हैं। सहकारी संस्थाओं का संगठन औजारों, कच्चे माल तथा धन प्राप्ति के लिए किया जा सकता है। इसके साथ ही यह सहकारी समितियाँ माल तैयार करने की प्रणाली में सुधार एवं बिक्री की सुव्यवस्था के लिए भी संगठित की जायें। यदि इन ग्रामोद्योगों का संगठन इस प्रकार नहीं किया गया, तो गृह–शिल्पी या तो अपने व्यवसाय से हाथ धो बैठेंगे अथवा दलाल, महाजन और व्यापारी उनके लाभ को हड़प जायेंगे तब शिल्पी पहले जैसा ही दरिद्र रह जाएगा।"[1]

अतः यदि देश की आर्थिक प्रणाली में शिल्प, ग्रामोद्योग तथा हस्त कौशल्य की उन्नति होना आवश्यक है, तो इसके लिए सच्चे सहयोग की स्थापना की जाए। चीन, जापान, जर्मनी, डेनमार्क, बेलजियम आदि देशों में सहकारिता के द्वारा उद्योग धंधों ने पर्याप्त उन्नति की है। यदि हमारे देश में भी सहकारी समितियाँ (Co-operative Societies) स्थापित करके कार्य किया जाए तो सफलता मिल सकेगी।

---

1. F. L. Brayne: Better Villages p. 164.

11

सहकारी समितियाँ

हमारे देश में, ब्रिटिश सरकार ने, ग्राम-स्वराज्य का विनाश कर के सहकारिता (Co-operation) आन्दोलन का आरम्भ आज से २०-२५ वर्ष पहले किया था। आरम्भ में यह सरकारी-समितियाँ किसानों तथा ग्राम वासियों को ऋण देने के लिए सहकारी बैंकों के रूप में ही काम करती थीं। बाद में अन्य उद्योगों तथा व्यापार-व्यवसाय के संचालन के लिए भी सहकारी समितियाँ खोली गईं। यद्यपि भारत में सहकारी आन्दोलन काफी पुराना है; परन्तु यह न तो लोकप्रिय बन सका और न इससे देश का कोई हित ही हुआ।

इसका कारण यह है कि सहकारिता आन्दोलन भारतीय जनता का राष्ट्रीय आन्दोलन नहीं, प्रत्युत ब्रिटिश सरकार द्वारा लादा गया आन्दोलन है। इसलिए जनता का इसमें दृढ़ विश्वास नहीं है।

सहकारिता, वास्तव में, देश के लिए एक वरदान सिद्ध हो सकती है, यदि सद्भावना, सच्चाई और पारस्परिक संघठन से इसे सफल बनाने के लिए जनता प्रयत्न करें। सहकारिता एक ऐसी प्रणाली है जो हम को संघठन, एकता, अनुशासन, स्वाश्रयता, और स्वराज्य की कुँजी देती है।

सत्य तो यह है कि सहकारिता का जन्म मनुष्यों के हृदय में होना चाहिए; उनमें सहयोग से काम करने की भावना एवं अभिलाषा इतनी प्रबल होनी चाहिए कि इसके लिए पूर्णरूप से तत्पर हों।

उसका सिद्धान्त पारस्परिक सहायता तथा त्याग पर स्थिर है। सहकारी समिति के प्रत्येक सदस्य को सच्चाई व ईमानदारी के साथ व्यवहार करना चाहिए। सब मिल कर काम करें और जो लाभ हो उसका न्यायपूर्वक परस्पर वितरण कर लें।

यदि ग्रामों में सहकारिता के प्रसार के लिए निम्न प्रकार की समितियाँ स्थापित की जाए, तो इससे लाभ होगा:–

(१) जीवन-सुधार सहकारी समितियाँ (Better Living Socities) इस प्रकार की समितियाँ ग्राम-सुधार के लिए उपयोगी सिद्ध हो सकेंगी। यह समितियाँ विवाह आदि अवसरों पर अपव्यय के निवारण, ग्राम की सफाई, जनता की अस्वास्थ्यप्रद आदतों के सुधार, ग्राम में खेलों की व्यवस्था, आदि का काम कर सकती हैं।

(२) पशुपालन समितियाँ (Cattle Breeding Societies) खेती के लिए बैल आदि की बड़ी आवश्यकता पड़ती हैं। इनके खरीदने में किसान को बहुत धन व्यय करना पड़ता है। यदि ग्रामवासी पशुपालन-समितियाँ बना लें तो बड़ी आसानी के साथ अच्छी नस्ल के बैल पैदा हो सकेंगे।

(३) गोपालन-समितियाँ (Dairy farming & Societies) गायों, बकरियों आदि के वैज्ञानिक ढंग से दूध निकालने, अधिक दूध पैदा करने की विधि से इसमें सुधार हो सकता है।

(४) कृषि-भूमि एकीकरण समितियाँ (Consolidation of Holdings Societes) ग्रामों में किसान अपनी अपनी जोत को सम्मिलित रूप में जोत-बो सकते हैं। इससे खेतों की सिंचाई भली-भांति हो सकती है और फलतः पैदावार में भी वृद्धि हो सकती है।

इनके अतिरिक्त अन्य उद्योग-धंधों के लिए भी सहकारी समितियाँ बनाई जा सकती हैं।

12

मनोरंजन और उसके साधन

ग्रामवासियों का जीवन दिन-रात परिश्रम करने में ही व्यतीत होता है। वे मनोरंजन नाम की वस्तु को जानते भी नहीं। ग्रामों में कभी-कभी मेले तथा नाच-गायन होते हैं; परन्तु उनकी व्यवस्था उचित ढंग से नहीं की जाती। अतः उनसे मनोरंजन के स्थान में शारीरिक और आर्थिक हानि ही होती है।

आजकल ग्रामों में मनोरंजन के जो साधन हैं, वे इतने दूषित और अनैतिक हैं, कि उनके द्वारा वे कुमार्गगामी बन जाते हैं। रासलीला, नशेबाजी, जूआखोरी, होलिकोत्सव पर अश्लीलता, वेश्या-नृत्य, नौटंकी आदि। जो ग्राम नगरों के आस-पास हैं, उनके निवासी नगरों के सम्पर्क में रहने के कारण सिनेमा में अपना धन फूंकते हैं।

मनोरंजन के यह सभी साधन, जिनका ऊपर उल्लेख किया गया है, ग्राम-वासियों को आर्थिक, शारीरिक एवं नैतिक अध:पतन की ओर ले जाते मनोरंजन और उसके साधन हैं। अतः ग्राम-पंचायतों को चाहिए कि इस प्रकार के मनोरंजन के साधनों के बहिष्कार का पूरा प्रयत्न करें और उनके स्थान पर शरीर, मन तथा सामाजिक जीवन को उन्नत बनानेवाले सुरुचि-पूर्ण मनोरंजन तथा आमोद प्रमोद की व्यवस्था करें।

ग्राम–पंचायतें निम्न प्रकार के मनोरंजन के साधनों के द्वारा ग्रामवासियों के मनोरंजन का प्रबंध कर सकती हैं:–

(१) संगीत-सम्मेलनः-संगीत मनोरंजन का एक श्रेष्ठ साधन है। लोग वेश्याओं के पास गायन सुनने के लिए जाने लगते हैं; फिर उनके कुचक्र में फंस कर अपनी बुद्धि तथा शरीर को भी दूषित कर घर को बरबाद कर डालते हैं। इसलिए ग्रामवासियों को संगीत-गायन का प्रचार करना चाहिये। जिससे लोग इस दूषित-चक्र से बच सकें। अब तो संगीत (Music) हाई स्कूल के छात्रों एवं छात्राओं के लिए पाठ्य-क्रम का ऐच्छिक विषय स्वीकृत हो गया है। संगीत शिक्षा के लिए गायन-शालाएँ स्थापित हो गई हैं, जिनमें गायन-वादन की शिक्षा प्राप्त की जा सकती हैं। ग्राम-पंचायतों को प्रसिद्ध संगीतज्ञों का विशेष अवसरों पर आमंत्रित कर इसका प्रचार करना चाहिए।

(२) रेडियो तथा ग्रामोफोनः-आधुनिक समय में रेडियो, न केवल मनोरंजन का ही एक सबल साधन बन गया है, प्रत्युत प्रचार व प्रकाशन का भी यह एक अद्वितीय साधन हो गया है। जब से भारत में स्वाधीन शासन की स्थापना हुई है और रेडियो विभाग, माननीय सरदार वल्लभभाई पटेल के आधीन आ गया है, तबसे इसके प्रोग्राम कार्यक्रम में काफी सुधार हुआ है। अब हिन्दी के गायनों की भाषा तथा भाव में भी पर्याप्त सुधार हो गया है। ग्राम-वासियों की सुविधा के लिए ग्रामोपयोगी संगीत, गायन, भाषण और नाटक अदि की भी रेडियो स्टेशनों द्वारा व्यवस्था की जाती है। अमेरिका (संयुक्त राज्य) में प्रत्येक गृह में रेडियो सेट होते हैं। रेडियो एक आवश्यक चीज बन गया है। हमारे देश में भी इसका प्रचार पहले की अपेक्षा अधिक हो गया हैं। परन्तु अभी इनका मूल्य अधिक है। आजकल ४०० या ५०० रुपये में रेडियो-सेट मिल जाता है। यदि पंचायतें इसके लिए चंदा करके धन-संग्रह कर लें और प्रान्तीय सरकारें भी कुछ सहायता दे सकें, तो यह कार्य आसानी के साथ हो सकेगा। समाचार-पत्रों की अपेक्षा प्रचार का यह साधन भी उत्तम रहेगा। यदि भारत की प्रत्येक

ग्राम पंचायत अपने पंचायत भवन में एक रेडियो-सेट का प्रबंध कर ले, तो इससे जनता को देश और संसार के समाचार भी मिल सकेंगे।

परन्तु इसके लिए विद्युत की आवश्यकता होगी। बैटरी द्वारा भी काम चल सकता है। परन्तु जबतक ग्रामों में बिजली का प्रबंध न हो, तबतक इसमें सुगमता नहीं रहेगी। ग्राम पंचायतों को अपने यहाँ ग्रामोफोन तथा लाउड स्पीकर भी रखने चाहिए। ग्रामों की जनता के लिए उपयुक्त 'रिकार्ड' तैयार कर लिये जायें और वे प्रत्येक पंचायत के लिए सुलभ हों। ग्रामोफोन के लिए सुन्दर, राष्ट्रीय भावों से ओतप्रोत गायनों के अतिरिक्त छोटे-छोटे उपदेशात्मक भाषण, कथनोपकथन और नाटक के रिकार्ड भी तैयार कराये जायें। इनमें स्वास्थ्य, सफाई, भोजन, ग्रामोद्योग और सहकारिता आदि के महत्व पर चर्चा हो।

(३) सिनेमाः-सिनेमा भी मनोरंजन का एक उत्तम साधन हो सकता है। परन्तु आजकल उत्तम कोटि के सुन्दर चित्र प्रस्तुत करनेवाली कंपनियाँ बहुत ही कम हैं। अश्लील तथा गंदे गायनों एवं कुरुचि-पूर्ण अभिनय ही अधिकांश फिल्मों में होता है। इसका दर्शकों पर बहुत ही अनिष्ट प्रभाव पड़ता है। अतः आवश्यकता है ऐसी फिल्म-कंपनियों की जो भारतीय जनता के ज्ञान-वर्द्धन, मनोरंजन तथा जनता में राष्ट्रीयता के भावों को जगाने वाली सुन्दर फिल्में (चित्र-पट) तैयार कर सकें।

स्वास्थ्य, सफाई, उद्योग, सहकारिता, शिशु-पालन, भूगोल, इतिहास, विश्व के विविध राष्ट्रों के उत्थान-पतन तथा वैज्ञानिक आविष्कारों की कहानियाँ आदि संबंधी सुन्दर तथा शिक्षा-प्रद चित्रपट तैयार किये जायें। बालक-बालिकाओं के लिए उन्हें शिक्षा देने वाले चित्र-पट तैयार कराये जायें, जिससे वे उन्हें दिलचस्पी से देखें और उनका प्रभाव भी उत्तम रहे। चलते-फिरते सिनेमा (Touring Cinma) की व्यवस्था भी होनी चाहिए। ग्राम-पंचायतें इस दिशा में दिलचस्पी लें, तो इससे आर्थिक लाभ भी हो सकेगा। विवाहादि शुभ अवसरों पर इनका उपयोग किया जा सकता है।

(४) नृत्यः-सभी देशों की स्त्रियों में नृत्य का प्रचार है। परन्तु इसमें सुधार की आवश्यकता है। ग्रामों में महिला-सभाओं को समय-समय पर नृत्य का आयोजन करना चाहिए। नृत्य-पद्धति में सुधार भी किया जाए। नृत्य-शिक्षकों को आमंत्रित कर उनसे शिक्षा लेनी चाहिए।

(५) खेल और प्रतियोगिताएँः-मनोरंजन के लिये विविध प्रकार के खेलों का भी आयोजन करना चाहिये। भारतीय प्राचीन खेलों का प्रचार इनके द्वारा किया जा सकता है। बालचरों (Scouts) द्वारा भी खेलों का आयोजन किया जाय। कबड्डी, ऊंची कूद, लम्बी कूद, रस्साकशी आदि खेलों का प्रचार सुगमता से किया जा सकता है। फुटबाँल, हाँकी तथा क्रिकेट आदि खेलों की भी व्यवस्था करनी चाहिये।

(६) पर्वो तथा उत्सवों का आयोजनः-हमारे पर्वों तथा त्यौहारों में काफी सुधार करने की आवश्यकता है। सदियों से हम इन त्यौहारों को विकृत रूप में मनाते आ रहे हैं और लोग इन्हें ही इनका वास्तविक रूप समझ बैठे हैं। रक्षाबंधन, दीपमालिका, विजया दशमी, होलिकोत्सव–ये हिन्दुओं के चार बड़े पर्व है। मुसलमान ईद, मुहर्रम तथा ईदुलफित्तर पर्वों को विशेष रूप से मनाते हैं। ईसाई बढ़े दिन और ईस्टर को मुख्य रूप से मनाते हैं।

हमारी सम्मति में इन पर्वो के सुधार के लिए प्रयत्न किया जाए और इनमें जो बुराइयाँ पैदा हो गई हैं, उन्हें दूर करने का प्रयत्न किया जाए।

राष्ट्रीय उत्सवों के मनाने के लिए भी ग्राम-पंचायतों को व्यवस्था करनी चाहिए। १५ अगस्त को प्रति वर्ष स्वाधीनता दिवस, २ अक्टूबर को गांधी जयन्ती, ३० जनवरी को गांधी बलिदान दिवस, १ अगस्त को तिलक दिवस, महावीर जयन्ती, प्रताप जयन्ती, शिवाजी जयन्ती, सुभाष जयन्ती, राष्ट्रीय सप्ताह (अप्रेल में) आदि उत्सवों का आयोजन करना चाहिए जिनमें ग्राम के स्त्री–पुरुष सभी सम्मिलित हों1

(७) प्रदर्शिनीः-ग्राम पंचायतों को मिल कर समय-समय पर प्रदर्शनियों का भी आयोजन करना चाहिए। इन प्रदर्शनियों में कृषि, उद्योग,

शिल्प–व्यवसाय आदि द्वारा प्रस्तुत वस्तुओं के प्रदर्शन के साथ आवश्यक एवं उपयोगी मशीनों का भी प्रदर्शन किया जाए, जिससे ग्रामवासी उनकी उपयोगिता से परिचित हो जायें।

प्रदर्शिनी में पशु विभाग भी होना चाहिए। अथवा पशु–प्रदर्शिनी का आयोजन पृथक् भी किया जा सकता है।

(८) प्रीति–भोज तथा गोष्ठियाँ:–पर्व तथा उत्सव आदि अवसरों पर सार्वजनिक प्रीति भोजों की व्यवस्था की जाए जिनमें सभी हिन्दू जातियों के लोग मिल कर भोजन करें। यदि ऐसे भोजों में गैर–हिन्दू जातियों के लोगों को भी आमंत्रित किया जाय, तो और भी अच्छा हो। इस प्रकार के अन्तर्जातीय भोजों से परस्पर प्रेम की वृद्धि होगी और अस्पृश्यता की भावना भी मिट जायेगी।

13

नागरिकों के मौलिक अधिकार

भारत के सात लाख ग्रामों के निवासी उसी प्रकार के नागरिक हैं, जिस प्रकार के भारत के नगरों के निवासी। जो लोग किसी भी स्वाधीन राज्य के सदस्य होते हैं और जिन्हें राज्य में समान राजनीतिक एवं सामाजिक अधिकार समान रूप से उपभोग करने का अधिकार होता है, वे राजनीति-विज्ञान अथवा नागरिक-शास्त्र के अनुसार 'नागरिक' (Citizens) कहलाते हैं। जो राज्य के सदस्य नहीं होते, वे 'विदेशी' (Foreigners) कहलाते हैं। उन्हें राज्य में राजनीतिक अधिकारों के भोग का अधिकार नहीं होता; परन्तु वे अन्तराष्ट्रीय विधान के अनुसार व्यवसाय-व्यापार आदि की सुविधाएँ प्राप्त कर सकते हैं।

राज्य की उत्पत्ति नागरिकों अथवा प्रजा के हित के लिए ही हुई है। यदि हम इसे दूसरे शब्दों में कहें, तो यों कह सकते हैं कि समाज ने अपने सार्वजनिक हित एवं लोक-कल्याण के लिए ही राज्य का प्रादुर्भाव किया। अतः यह स्पष्ट है कि व्यक्तियों से पृथक राज्य-कल्पना संभव नहीं। जो राज्य व्यक्तियों के कल्याण एवं स्वाधीनता की अवहेलना कर प्रजा का दमन करे, उसका विनाश कर सुराज (Good Government)

---

* यहाँ 'नागरिक' शब्द के अन्तर्गत ग्रामवासी तथा नगरवासी सम्मिलित हैं। जो स्त्री-पुरूष भारतीय संघ (यूनियन) के नागरिक हैं, उन सब से यहाँ प्रयोजन है।

की स्थापना करना प्रजा का धर्म है। राज्य का निर्माण प्रजा ने किया है और यदि कोई राज्य प्रजा का हित-साधन नहीं करता, तो उसे जीवित रहने का भी कोई अधिकार नहीं। राज्य या सरकार ईश्वरीय नहीं हैं; वे मानव-कृत हैं।

आधुनिक युग में सभी लोकतंत्र-राज्यों में नागरिकों के मौलिक अधिकारों को उनके शासन-विधान में प्रथम स्थान दिया जाता है। भारत के सन् १९३५ के शासन-विधान में, जिसे ब्रिटिश पार्लमेंट ने बनाया था, इस प्रकार के मौलिक अधिकारों (Fundamental Rights) को कोई स्थान नहीं दिया गया।

भारत की विधान-परिषद (ConstituentAssembly) ने हाल ही में शासन-विधान का जो ड्राफ्ट प्रकाशित किया है, उसके तीसरे भाग में नागरिकों के मौलिक अधिकारों को स्थान दिया गया है। ग्राम-वासी इन अधिकारों के महत्व को भलीभांति समझकर इनका समुचित आदर करें, इस दृष्टि से हम उन्हें यहाँ प्रस्तुत करते हैं।

१. राज्य कि दृष्टि में सब नागरिक समान हैं

(१) राज्य किसी भी नागरिक के साथ केवल धर्म, जाति अथवा लिंग के आधार पर भेद-भाव का व्यवहार नहीं करेगा।

विशेषतः उपर्युक्त आधारों पर किसी भी नागरिक पर निम्नलिखित अधिकारों के संबंध में कोई अयोग्यता का प्रतिबंध (रूकावट) नहीं लगायेगाः–

(क) दुकान, सार्वजनिक उपहार-गृह, होटल तथा मनोरंजन नागरिकों के मौलिक अधिकार गृह जैसे सिनेमा, थियेटर, नाट्यशाला, सर्कस आदि के प्रयोग; या।

(ख) सार्वजनिक कृप, तालाब, सड़क, सार्वजनिक पार्क, बाग, आदि के उपभोग।

(२) स्त्रियों तथा बालकों के लिए विशेष व्यवस्था करने में राज्य पर कोई प्रतिबंध नहीं होगा। (धारा ९)

२. सार्वजनिक नौकरियों में समानता

(१) राज्य के अन्तर्गत नौकरी के संबंध में सभी नागरिकों को समान सुयोग मिलेंगे।

(२) कोई भी नागरिक केवल धर्म, जाति, लिंग, वंश, जन्म-स्थान या इनमें से किसी एक के कारण अयोग्य न माना जायेगा। इस धारा के अन्तर्गत किसी भी पिछड़ी जाति के लिए सरकारी नौकरियों में स्थान सुरक्षित रखने के लिए व्यवस्था करने में राज्य पर कोई प्रतिबंध नहीं होगा, यदि राज्य की सम्मति में उस जाति का पर्याप्त प्रतिनिधित्व न हो। इस धारा के अनुसार किसी विशेष धर्म की संस्था अथवा उसकी प्रबंध समिति में किसी विशेष धर्म के व्यक्ति की नियुक्ति की व्यवस्था करने में कोई बाधा नहीं होगी। (धारा १०)

३. अस्पृश्यता (छूतछात) का विनाश

'अस्पृश्यता' अथवा छूतछात (Untouchability) को राज्य की और से उठा दिया गया है और उसे किसी भी रूप में मानना निषिद्ध है—कानून के विरुद्ध है। अस्पृश्यता से उत्पन्न किसी भी प्रतिबंध या अयोग्यता का जारी रखना कानून के अनुसार दण्डनीय होगा।

(धारा ११)

(नोटः इसका स्पष्ट शब्दों में अर्थ यह है कि किसी भी व्यक्ति को 'अछूत' मानना और उसके साथ भेद-भाव का व्यवहार करना कानून के खिलाफ होगा और इसके लिए अपराधी को अदालत से सजा दी जायगी।)

४. नागरिक स्वाधीनताएँ

समस्त नागरिकों का कुछ मर्यादाओं के साथ निम्न प्रकार की नागरिक स्वाधीनताएँ होंगी:–

(१) भाषण तथा लेख की स्वतंत्रता।

(२) बिना अस्त्र-शास्त्रों के साथ शान्तिपूर्वक संघठन।

(३) सभा, समिति या संघ का निर्माण।

(४) भारत में स्वतंत्रता के साथ आवागमन।

(५) भारत के किसी भी भाग में रहने की स्वतंत्रता।

(६) सम्पत्ति खरीदने, प्राप्त करने और बेच देने का अधिकार।

(७) किसी भी प्रकार के व्यापार, व्यवसाय अथवा उद्योग-धंदे के करने की स्वतंत्रता। (धारा १३)

५. कानून के अनुसार दण्ड-व्यवस्था

किसी भी नागरिक को कानून के विरुद्ध दण्ड नहीं दिया जायेगा और न कानून में उल्लिखित दण्ड से अधिक सजा ही दी जायेगी।

किसी व्यक्ति को एक अपराध के लिए एक से अधिक बार दण्ड नहीं दिया जायेगा।

जिस व्यक्ति पर अभियोग लगाया जायेगा, उसे उसकी साक्ष्य के लिए बाध्य नहीं किया जायगा।

६. जीवन व संपत्ति की रक्षा

किसी भी व्यक्ति को उसकी व्यक्तिगत स्वतंत्रता से वंचित नहीं किया जायेगा। प्रत्येक व्यक्ति को कानून की रक्षा समान रूप से प्राप्त होगी।

७. मुक्त-व्यापार

प्रत्येक व्यक्ति को भारत में व्यापार-वाणिज्य आदि की स्वतंत्रता होगी।

८. नारी-व्यापार तथा बेगार

स्त्री, बालिका, बालक आदि का क्रय-विक्रय तथा बेगार राज्य द्वारा कानून विरुद्ध घोषित कर दी गई हैं।

९. बालकों से काम न लिया जाए

१४ वर्ष से कम आयु के बालक को किसी कारखाने, खान अथवा किसी दूसरे जोखिम के कारोबार में काम पर न लगाया जाएगा।

१०. धार्मिक अधिकार

(१) सार्वजनिक शान्ति व्यवस्था, सदाचार और स्वास्थ्य की मर्यादा का ध्यान रखते हुए प्रत्येक व्यक्ति को समान रूप से अपनी इच्छानुसार। धर्म-पालन, पूजा-पाठ तथा प्रार्थना की स्वतंत्रता है।

व्याख्या–सिक्खों के लिए कृपाण धारण करना सिक्ख धर्म के अन्तर्गत है।

(२) इस धारा के अन्तर्गत राज्य को निम्न प्रकार के किसी भी कानून के बनाने में कोई बाधा नहीं होगी:–

(क) ऐसा कोई कानून जो आर्थिक, राजस्व, राजनीतिक तथा अन्य किसी प्रकार के सांसारिक कार्य पर प्रतिबंध लगाता हो, जिसका किसी धार्मिक परिपाटी से संबंध हो;

(ख) सामाजिक कल्याण, हिन्दू धार्मिक संस्थाओं के सुधार तथा हिन्दू मन्दिरों के खोलने के संबंध में कानून बनाना। (धारा १९)

(३) प्रत्येक धर्म के अनुयायियों को–

(क) धार्मिक तथा दातव्य संस्थाएं स्थापित करने तथा उनका संचालन करने का अधिकार है;

(ख) अपने धार्मिक मामलों का प्रबंध।

(ग) चल अथवा अचल सम्पत्ति प्राप्त करना और उस पर स्वाम्य रखना।

(घ) ऐसी सम्पत्ति का नियमानुसार प्रबंध।

(४) धार्मिक शिक्षा

(क) किसी भी ऐसी संस्था में धार्मिक शिक्षा नहीं दी जायेगी, जिसका राज्य को सहायता से संचालन होता है। परन्तु यदि कोई संस्था राज्य के प्रबंध में हो और उसकी स्थापना ट्रस्ट ने की हो, तो उसके सबंध में यह नियम लागू नहीं होगा।

(ख) परन्तु कोई भी शिक्षा-संस्था, जो राज्य द्वारा स्वीकृत हो या जिसे राज्य से ग्रांट मिलती हो किसी भी व्यक्ति को धार्मिक शिक्षा ग्रहण करने के लिए बाध्य न करेगा अथवा किसी धार्मिक-पूजा में भाग लेने के लिए बाध्य न करेगा, जबतक कि वह स्वयं अनुमति न दे और यदि वह प्रोढ़ नहीं हैं, तो उसके संरक्षक अनुमति न दें।

(ग) किसी भी शिक्षा-संस्था में, किसी भी धार्मिक सम्प्रदाय या समुदाय के लोगों को धार्मिक शिक्षा देने की व्यवस्था से वंचित नहीं रखा जायेगा, यदि अपनी संस्था के कार्य काल के बाद ऐसा किया जाए। (धारा २२)

११. अल्पमतों के अधिकारों की रक्षा

(१) भारत के किसी भी प्रदेश में रहने वाले नागरिकों की भाषा, लिपि या संस्कृति अपनी निजी है, तो उसकी रक्षा का उन्हें अधिकार होगा।

(२) यदि कोई अल्पमत धर्म, सम्प्रदाय या भाषा के आधार पर हैं, तो उसके किसी भी व्यक्ति को जो ऐसे अल्पमत का है, राज्य द्वारा संचालित किसी भी शिक्षा संस्था में प्रवेश पाने से न रोका जाएगा।

(३) अल्पमत के लोगों को अपनी-इच्छानुसार अपनी शिक्षा-संस्थाओं के प्रबंध का अधिकार होगा। राज्य की ओर से किसी भी अल्पमत की शिक्षा-संस्था को ग्रांट देने में भेदभाव नहीं किया जाएगा।

सामाजिक स्वाधीनता

सामाजिक स्वाधीनता का प्रयोजन यह है कि समाज में प्रत्येक व्यक्ति को अपने आर्थिक तथा सामाजिक विकास की पूर्ण स्वतंत्रता है। इसके अन्तर्गत निम्नलिखित अधिकार सम्मिलित हैं:–

(१) प्रत्येक व्यक्ति को स्वेच्छानुसार खान-पान का अधिकार है।

(२) प्रत्येक व्यक्ति को स्वेच्छानुसार वस्त्राभूषण धारण करने का अधिकार है।

(३) प्रत्येक व्यक्ति को स्वेच्छानुसार भवन, कूप, धर्मशाला, आश्रम आदि बनाने का अधिकार है।

(४) प्रत्येक व्यक्ति को अपने समाज के नियमों के अनुसार विवाह आदि संस्कार करने का अधिकार है।

(५) प्रत्येक ग्रामवासी को ग्राम की आबादी में अपने मकान बनाने और उनके उपभोग का अधिकार है।

(६) प्रत्येक व्यक्ति को अपने समाज के सामाजिक कृत्यों, पर्वों, त्यौहारों आदि में भाग लेने का अधिकार है।

(७) प्रत्येक व्यक्ति को यातायात के सभी साधनों के प्रयोग का अधिकार है।

---

* सेना, स्वयं-सेवक दल, स्काउट-दल, ग्राम-रक्षक, गृह रक्षक नागरिक-सेना तथा किसी विशेष राजनीतिक-दल के सदस्यों को नियमानुसार विशेष पोशाक धारण करना अनिवार्य है।

नागरिकों के कर्तव्य

हमारे शासन-विधान ने हमारे लिए अपनी स्वाधीनता के उपभोग तथा व्यक्तित्व के विकास के लिए मौलिक अधिकारों की व्यवस्था की है। परन्तु इन अधिकारों का उपभोग करने के हम अधिकारी उसी समय हो सकते हैं जबकि हम उन अधिकारों से संबंधित कर्त्तव्यों का भी पालन उसी तत्परता से करें, जिस तत्परता से हम अपने अधिकारों के लिए प्रयत्न करते हैं। आज हमारे देश में, प्रत्येक क्षेत्र में, जो अव्यवस्था एवं दोष देख पड़ते हैं, उनका एक मुख्य कारण है नागरिकों में अधिकार-भावना की प्रबलता तथा कर्त्तव्य-भावना की न्यूनता।

यदि नागरिक अपने-अपने कर्तव्यों का उचित रीत्यानुसार पालन करने लगें, तो अधिकार उन्हें स्वतः ही प्राप्त हो जायेंगे। परन्तु संसार में हम यह देखते हैं कि लोग अधिकारों के लिए बड़े संघर्ष करते हैं, आन्दोलन उठाते हैं; परन्तु कर्तव्यों का पालन ठीक-ठीक न करने के कारण वे सब प्रयत्न और आन्दोलन विफल हो जाते हैं।

अतः हम इस अध्याय को समाप्त करने से पूर्व यहाँ नागरिकों के कर्तव्यों पर विचार कर लेना चाहते हैं। इस प्रश्न पर गंभीरता से विचार करने पर यह स्पष्ट हो जायेगा कि एक व्यक्ति का अधिकार ही दूसरे व्यक्ति का कर्तव्य है। यदि में अपनी अध्यन-शाला में शान्ति पूर्वक अध्ययन करने का अधिकारी हूँ, तो मेरे पड़ोसियों का यह कर्तव्य है कि वे उस समय अपने संगीत की तान न छेड़ें या ग्रामोफोन पर रिकार्ड न चढ़ावें। इसी प्रकार रात्री के १० बजे, जब लोग विश्राम करने जा रहे हों,

उस समय यदि में अपने ग्रामोफोन को लेकर बैठूँ, तो इसे कर्त्तव्य-हीनता ही कहा जायेगा।

अधिकारों के संबंध में सुवर्ण नियम तो यह है:–

आत्मनः प्रतिकूलानि परेषां न समाचरेत्।

अर्थात् "जो कुछ तुम चाहते हो कि दूसरे लोगों को तुम्हारे प्रति करना चाहिए, वही तुम उनके साथ भी करो; क्योंकि कानून और धर्म यही आज्ञा देते हैं।"*

यदि लोग इस सुवर्ण नियम का अपने व्यक्तिगत और सामाजिक जीवन में सच्चाई के साथ पालन करें, तो समाज में अनेक संघर्ष, अव्यवस्था और विरोध के कारण दूर हो जायें और सच्चे बंधुत्व की प्रतिष्ठा हो सके।

अब हम, संक्षेप में, नागरिकों के कर्तव्यों का उल्लेख करना चाहते हैं:–

(१) समस्त नागरिकों का यह कर्तव्य है कि वे राज्य के प्रति राजभक्त रहें और विधान तथा देश की रक्षा के लिए सदैव प्रस्तुत रहें।

(२) राज्य तथा संघ अथवा स्थानीय संस्था और ग्राम-पंचायत के कानूनों, नियमों तथा उपनियमों के अनुसार व्यवहार करना।

(३) पुलिस तथा सेना-विभागों में भरती होकर देश में शान्ति स्थापना तथा देश की बाहरी शत्रुओं से रक्षा करना।

(४) राज्य द्वारा जो कर-टैक्स आदि लगाये जायें, उन्हें यथा समय अदा कर देना।

(५) राज्य की रेल, मोटर-सर्विस, स्टीमर सर्विस अथवा अन्य किसी भी सर्विस में, जिसके लिए उचित फीस, टिकट या

---

* "All things, therefore, whatsoever ye would that men should do unto you, even so do ye also unto them: for this is the law of the Prophets."

किराया देना आवश्यक है, मुफ्त में लाभ उठाना समाज के प्रति घोर अपराध है।

(६) राज्य के विरुद्ध कोई पड्यंत्र या राजद्रोह नहीं रचना या करना चाहिए।

(७) भाषण की स्वतंत्रता को भोगते हुए कोई अपमानजनक भाषण न दें।

(८) लेख, पुस्तक आदि में किसी के धर्म के विरुद्ध कोई बात न लिखी जाये, जिससे परस्पर वैमनस्य पैदा हो।

(९) अपने भाषण, लेख या चित्र आदि में अश्लीलता तथा दुराचार की ओर प्रेरित करनेवाला कोई अंश न हो।

(१०) किसी भी व्यक्ति से उसकी इच्छा के विरुद्ध अथवा कम मजबूरी देकर कोई काम न लिया जाये।

(११) समाज में अंगहीन व्यक्तियों (Invalids) के लिए सार्वजनिक आश्रयस्थान बनाये जायें और उनके प्रति अपने कर्तव्य का पालन किया जाये।

(१२) प्रत्येक स्वास्थ्य व्यक्ति को परिश्रम करके धनोपार्जन कर अपना भरण-पोषण करना चाहिए; किसी भी व्यक्ति को किसी दूसरे के परिश्रम से अनुचित लाभ उठाकर धन की वृद्धि करना निश्चय ही समाज के प्रति अपराध है।

(१३) किसान ही–जो जमीन को स्वयं जोतते-बोते हैं–भूमि के असली मालिक हैं। अतः भूमि पर उन्हीं का स्वाम्य होना चाहिए। किसानों का यह कर्तव्य है कि वे समाज के लिए अधिक से अधिक उत्पादन करें।

(१४) मजदूरों-औद्योगिक मजदूरों का यह कर्तव्य है कि वे समाज के कल्याण एवं सार्वजनिक हित की दृष्टि से कार्य करते हुए अपनी सुविधाओं एवं अधिकारों की रक्षा के लिए आन्दोलन करते रहें।

(१५) समस्त नागरिकों का, जिनमें व्यापारी-वर्ग, दुकानदार तथा सरकारी कर्मचारी भी सम्मिलित हैं, यह कर्तव्य है कि समाज के कल्याण के लिए रिश्वतखोरी, बेईमानी तथा चोर-बाजारी की प्रवृत्ति का सर्वथा त्याग कर दें। अन्त में इस पापाचार से किसी को भी लाभ नहीं होता और इसका व्यापक परिणाम यह होता है कि समूचा समाज ही दुःखी हो जाता है।

(१६) किसी नागरिक को किसी दूसरे को सम्पत्ति, धन, मकान, जायदाद आदि पर कोई न तो आघात पहुँचाना चाहिए और न उसके लिए कोई आकांक्षा ही करे।

(१७) नागरिकों को चाहिए कि वे संसार में शान्ति एवं विश्व-कल्याण के लिए कार्य करनेवाली संस्थाओं का समर्थन करें और जो पूँजीवादी देश की जनता को युद्ध के लिए, अपने स्वार्थ के लिए, प्रेरित करें–

उनकी उपेक्षा की जाये। अन्तर्राष्ट्रीयता एवं शान्तिवाद का समर्थन प्रत्येक नागरिक को करना चाहिए।

इति